◆ 現在の京都市街（南側上空から撮影）

京都御所

オレンジ色の線は、平安時代の平安京の位置を示しています。現在の京都市の市街地は、平安京の時より東に広がっています。

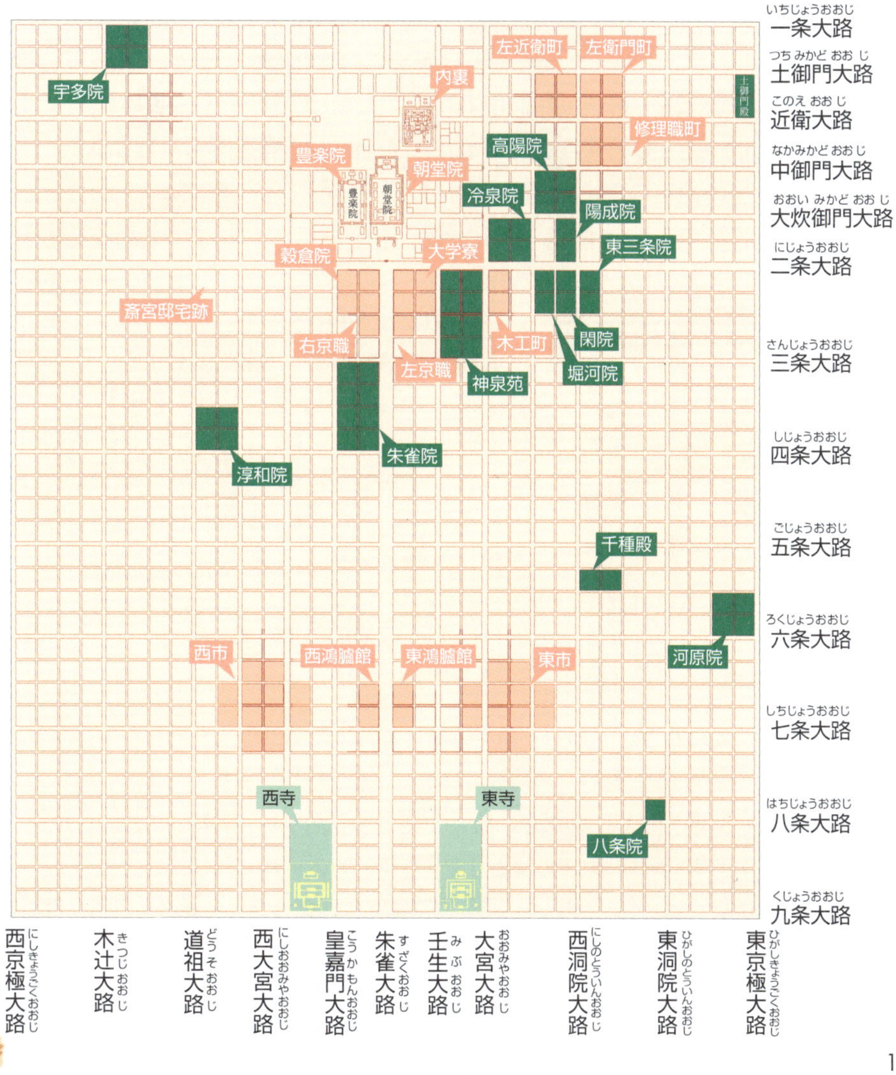

◆ 平安京の街路図

平安京は碁盤の目のように整然と区画されていました。「条坊制」と呼ばれる区画で、現在も使われている通り名がたくさんあります。

（写真・図版　京都市埋蔵文化財研究所提供）

一条大路
土御門大路
近衛大路
中御門大路
大炊御門大路
二条大路
三条大路
四条大路
五条大路
六条大路
七条大路
八条大路
九条大路

宇多院
内裏
左近衛町　左衛門町
豊楽院　朝堂院　高陽院　修理職町
穀倉院　冷泉院　陽成院
大学寮　東三条院
斎宮邸宅跡
右京職　木工町　閑院
左京職　神泉苑　堀河院
淳和院　朱雀院
千種殿
西市　西鴻臚館　東鴻臚館　東市　河原院
西寺　東寺　八条院

西京極大路
木辻大路
道祖大路
西大宮大路
皇嘉門大路
朱雀大路
壬生大路
大宮大路
大宮大路
西洞院大路
東洞院大路
東京極大路

1

京都市の紋章

京都市市民憲章
(1956(昭和31)年5月3日制定)

　わたくしたち京都市民は，国際文化観光都市の市民である誇りをもって，わたくしたちの京都を美しく豊かにするために，市民の守るべき規範として，ここにこの憲章を定めます。

　この憲章は，わたくしたち市民が，他人に迷惑をかけないという自覚に立って，お互いに反省し，自分の行動を規律しようとするものです。

> 1. わたくしたち京都市民は，美しいまちをきずきましょう。
> 1. わたくしたち京都市民は，清潔な環境をつくりましょう。
> 1. わたくしたち京都市民は，良い風習をそだてましょう。
> 1. わたくしたち京都市民は，文化財の愛護につとめましょう。
> 1. わたくしたち京都市民は，旅行者をあたたかくむかえましょう。

略章

　京都市の紋章は，1960(昭和35)年1月1日に制定されました。「京」の字を図案化したものに御所車を組み合わせてあります。金色と古都を表す紫色の2色を用いてデザインされました。皆さんがよく目にしているのは，略章です。1891(明治24)年10月2日に制定された紋章を略章として用いています。

京都市歌
作詞：藤山於菟路 ／ 作曲：諸井 三郎　(1951(昭和26)年7月15日制定)

1. みどりの風に　色はえて　かおる都の　花の宴　あおぐ山々　うるわしく
   ながるる加茂の　水清し　ひかりの都　わが京都
2. 世界を結ぶ　観光の　都世紀の　花あかり　栄えいやます　日のもとに
   平和の鐘が鳴りわたる　ひかりの都　わが京都
3. 歴史にめぐる　あやにしき　虹の都の　世をつぎし　永久のおもかげ　代々のあと
   新たにいまも　しのばるる　ひかりの都　わが京都

発刊にあたって

「京都の魅力を広く発信しよう！」

　1200年以上の歴史を有する京都には，美しい自然や由緒ある寺院・神社など，身近なところにたくさんの宝物があり，それらを実際に歩いて感じることができます。

　先日，下鴨神社を歩いていたら，宮司さんから「その辺りは平安の昔，紫式部が歩いていたところですよ」と言われました。京都はそういうまちです。

　そして，茶道，華道，能，狂言，京料理など，多彩な文化が人々の暮らしの中に，今もしっかりと息づいています。

　これら京都のまちや文化に，この「ジュニア京都検定テキストブック」をきっかけに興味をもってもらえたらと思います。そしてできれば，京都のまちを自分の足で歩いて，まちのそこかしこにある宝物を見て，触れて，体験してみてください。さらに，肌で感じた京都の奥深い魅力を，今度は皆さん自身の言葉で表現し，たくさんの方に発信してみましょう。

　このテキストブックを手にした皆さんお一人お一人が，京都のことを一層好きになってくれることを願っています。

　結びに，保護者の皆様におかれましては，「京都はぐくみ憲章」の理念の下，御家庭でも京都の歴史・文化について話題にしていただけたら幸いです。子どもたちが京都の豊かな学びの環境の中で，伝統と文化を受け継ぎ，自ら未来を切りひらく力を育んでいけるよう，皆様の御理解，御協力をお願い申し上げます。

京都市長　門川 大作

「身近にある京都の魅力との出会いを楽しみ，伝えていこう！」

　「歴史都市・京都から学ぶジュニア京都検定」は，次代を担う皆さんに京都のこと，日本のこと，世界のことをもっとよく知ってもらおうと，保護者の方々や学校の先生・地域の方々の御協力の下で進めている取組です。

　歴史・文化だけでなく，町並みと道・暮らしと食など，様々な角度から京都の魅力を身近に感じられるように作成した「ジュニア京都検定テキストブック」を通じて，興味をもったことについて実際に出かけて，触れて，味わって，体験してください。そして，京都の「ほんもの」の魅力を探求し，発信していただくとともに，それらを次代へ受け継いでくれることを期待しています。

京都市教育長　稲田 新吾

目　次

京都市市民憲章／京都市歌 ………………………………………………………………… 2
発刊にあたって ……………………………………………………………………………… 3

巻頭　京都を学ぼう・京都が大好き …………………………………………………… 6

歴史　京都の歴史を学ぼう

1. 平安京以前の京都
   - 1-1　大昔の京都盆地は海水の下 …………………………………… 10
   - 1-2　渡来系移住者・秦氏の役割 …………………………………… 12
2. 日本風の文化が花ひらく平安時代
   - 2-1　平安京の誕生 ……………………………………………………… 14
   - 2-2　藤原氏と日本風の文化の発展 ………………………………… 17
   - 2-3　平家，つかの間の繁栄と没落 ………………………………… 20
3. 新しい仏教が興った鎌倉時代 ……………………………………………… 22
4. 金閣・銀閣を生んだ室町時代
   - 4-1　「花の御所」と室町幕府 ………………………………………… 23
   - 4-2　「応仁の乱」で京は焼け野原 …………………………………… 25
5. 安土桃山時代の京都
   - 5-1　信長から秀吉へ，天下統一 …………………………………… 27
   - 5-2　秀吉，京を御土居で囲み改造 ………………………………… 29
6. 京・江戸・大阪 三都にぎわう江戸時代
   - 6-1　徳川幕府が京の寺社を復興 …………………………………… 30
   - 6-2　角倉了以が京の経済発展に力 ………………………………… 32
7. 京を舞台に幕末維新の動乱 ………………………………………………… 34
8. 京に活気，近代化に取り組む
   - 8-1　全国に先がけた京の小学校 …………………………………… 36
   - 8-2　明治の大事業「琵琶湖疏水」…………………………………… 38

寺院・神社　さん然と輝く世界文化遺産

「古都京都の文化財」に17寺社・城 ……………………………………………………… 42

祭りと行事　京を彩る祭りと行事

1. 豪華けんらん京の三大祭 …………………………………………………… 46
2. 地元に伝わる京の三大奇祭 ………………………………………………… 50
3. 夏の夜をこがす「五山送り火」……………………………………………… 52
4. 健康を願う「おけらまいり」………………………………………………… 54
5. 夏の楽しい思い出「地蔵盆」………………………………………………… 55
6. 暑い夏を涼しく　納涼床・川床 …………………………………………… 57
   資料　京の祭りと年中行事 ………………………………………………… 59

町並みと道　京の町を歩こう

1. 京の魅力，伝統的な町並み ………………………………………………… 66
2. 歴史に彩られた「道」と「町」
   - 2-1　歩いてみよう！京の散歩道 …………………………………… 70
   - 2-2　都への出入り口「京の七口」…………………………………… 73
   - 2-3　読める？この地名・町名 ……………………………………… 75
   - 2-4　歌で覚える京の町の通り名 …………………………………… 76

文化　受け継がれる京の文化

1. すぐれた作品が次々，古典文学 …………………………………………… 78
2. 古典文学に描かれた京都
   - 2-1　百人一首（五・七・五・七・七に込められた人々の想い）… 80
   - 2-2　清少納言が「枕草子」に綴った京都での暮らし … 82
   - 2-3　京都日野の庵で鴨長明が書いた「方丈記」………… 83
3. こわいけど歴史が学べる ……………………………………………………… 84
4. 京でみがかれた庭園の美
   - 4-1　時代を映す京の庭園づくり …………………………………… 86
   - 4-2　各時代に出た名造園家たち …………………………………… 89
5. 世界に誇る京の美術
   - 5-1　京で生まれた絵画や画家 ……………………………………… 92
   - 5-2　仏教と深い関係，京の彫刻 …………………………………… 95
   - 5-3　京の貴重な財産「学校文化財」………………………………… 98

6. 京に育ち息づく伝統文化
- 6-1 心を大切に人をもてなす茶道 ……………… 100
- 6-2 日常生活に入り発展した華道 ……………… 102
- 6-3 みやびな雅楽 日本古来の邦楽 …………… 103
- 6-4 無形文化遺産の能・狂言 …………………… 104
- 6-5 あでやかな京の花街の舞 …………………… 106
- 6-6 京で約400年前に誕生した歌舞伎 ………… 107
- 6-7 地域に根付いた民俗文化財 ………………… 110

産業　受け継がれる京の産業

1. 匠の技 京の伝統工芸
   - 1-1 巧みに織りなす伝統の西陣織 …………… 112
   - 1-2 色鮮やかな京友禅 ………………………… 114
   - 1-3 京焼・清水焼 色と形は歴史がつくる …… 116
   - 1-4 分業で発展した伝統産業製品 …………… 118
   - 1-5 「伝産法」に基づくその他の工芸品 ……… 120
   - その他の京都の伝統産業製品 …………… 121

2. 暮らしの中で活躍する京都のものづくり ……………………………………………… 122

知とスポーツ　京の知識とスポーツ

1. 京の叡智を世界に発信
   - 1-1 大学のまち・学生のまち ………………… 124
   - 1-2 マンガ文化の研究拠点 …………………… 126
   - 1-3 ノーベル賞を生む京の環境 ……………… 128
   - 1-4 「京都賞」は京都発の国際賞 ……………… 130

2. 歴史をつくったスポーツ文化 ………………………………………………………… 131

暮らしと食　京の暮らしと食文化

1. 京の味わい
   - 1-1 歴史と伝統が"肥料"の京野菜 …………… 133
   - 1-2 歴史を味わう京料理 ……………………… 136
   - 1-3 京都の家庭のおかず ……………………… 138
   - 1-4 京土産といえば「お漬物」 ………………… 139
   - 1-5 季節を織りこんだ京菓子 ………………… 140
   - 1-6 かずかずの銘酒・伏見の酒 ……………… 144

2. 京町家の暮らしに庶民の知恵
   - 2-1 京の町家は「うなぎの寝床」 ……………… 146
   - 2-2 夏を涼しく、町家の工夫 ………………… 148

3. 着物に親しむ機会が多い京都 ………………………………………………………… 150

4. はんなりほっこり「京ことば」
   - 4-1 独特で奥深い「京ことば」 ………………… 152
   - 4-2 いくつ知ってはる？「京ことば」 ………… 154

環境と自然　京都の豊かな自然

1. 「山紫水明」の美しい都 京都 ……………… 156
2. 年齢は「2万歳」の深泥池 …………………… 158
3. 「京都府の木」北山杉の美林 ………………… 160
4. 地球温暖化防止へ京都議定書 ……………… 162

観光　京都観光を考えよう

1. 国際文化観光都市・京都 …………………… 164
2. なぜ京都は観光に力を入れているの？ …… 165
3. 国内からの観光客 …………………………… 170
4. 修学旅行生 …………………………………… 170
5. 外国からの観光客 …………………………… 171
6. 京都観光に対する感想 ……………………… 174
7. おもてなしの心って ………………………… 175
8. これからの京都観光の目標 ………………… 177

資料

- 世界文化自由都市宣言 ……………………………………………………………… 65
- 京都市内の博物館施設一覧 ………………………………………………………… 132
- 京都の歴史年表 ……………………………………………………………………… 179
- 京にゆかりの歴史上の人物 ………………………………………………………… 181
- さくいん ……………………………………………………………………………… 187
- 過去問題にチャレンジしてみよう！ ……………………………………………… 191

巻頭

京都を学ぼう・京都が大好き

「千年の都」歴史と文化の町

太刀をかまえて、しめ縄を切る祇園祭・長刀鉾の稚児

毎日，学校へ通う道すがら，ボールをけって遊ぶ公園，おつかいで行く商店街，「カタン，カタン…」と機を織る音の聞こえる路地…。それらと背中合わせのようにして，町のそこここで歴史の風景が目に入ります。御所をはじめ，二条城，東寺の五重塔など平安京以来の長い歴史を彩り，その当時の姿を残す史跡や神社仏閣の数々がある景色を，京都に住む私たちは特別なことではなく，「日常の中の風景」として眺めてきました。

子どものころに対面した広隆寺の弥勒菩薩半跏像の優美さ，龍安寺石庭のシンプルな美しさは，いつまでも心の中に残ることでしょう。動く博物館といわれる祇園祭の山鉾巡行，夏空を焦がす五山の送り火などの伝統行事も居ながらにして見ることができます。

「千年の都」といわれる京都市には，全国の国宝の約20％，重要文化財（重文）の約15％がありますが，中には何万点もの文書が1件として登録されているものや，国だけでなく京都市や京都府が指定・登録している文化財も数多くあるため，町全体に文化財があふれているといえます。

◆北野天満宮　◆東寺の五重塔

「千年の都」といわれる京都は、いったいどんな町なんだろう？

◆ 心と体で味わう国際観光都市

新型コロナウイルス感染症の感染拡大前は，国の内外から，年間5000万人をこえる多くの人々が京都観光

に訪れていました。単に，国宝や世界文化遺産に登録された寺社を見るためだけでなく，京都の町のたたずまいも含めて，歴史や文化を心と体で味わえるから訪れるのではないでしょうか。

京の町には，かたちある文化財や景観だけでなく，磨きぬかれた伝統の技が脈々と継承され，さまざまな産業としても続いています。お隣のちょっと気難しいおじいちゃんが，あのもの静かなおばあちゃんが，無形文化財保持者のすごい職人さんだったり，すばらしい芸術家だったりするのです。歴史・文化・伝統を担う人々が，さりげなく町中に普段着で住んでいるのも京都らしいところだといえます。

◆山紫水明のシンボル・鴨川の夕暮れ

◆京の魅力を未来に引き継ごう

1200年を超える長い歴史の間には災害にも，大火にもあっています。日本が焼け野原となった第2次世界大戦のとき，京都はほとんど被害を受けませんでした。それでも町の姿は，時代とともに変わってきました。文化遺産などの景観を守りながら，高層ビルも建っています。

私たちは京都に住む幸せを未来に引き継ぐために，何をすればいいのでしょうか。この日本の財産であり，世界の宝でもある京都が，いつまでもかけがえのない魅力に溢れ，世界中の人々から愛され続け，この町に暮らす私たちの生活の場とともにある生きた町として未来に引き継がれるよう，京都市と市民が一緒になって「京都創生」という取組が進められています。

皆さんもこの「ジュニア京都検定」のテキストをきっかけに，京都のことをより深く知り，京都の魅力を引き継いでいく「京都の名人」になってくれることを期待しています。

京都創生　「日本に、京都があってよかった。」と世界中の人々に愛され続ける町であるために

これまで京都で大切にされてきた日本の歴史や文化，景観，日本の心を次の世代に引き継ぐために，さまざまな取組が進められています。

景観	美しい景観の保全，再生，創造（65ページ〜参照）
文化	歴史に育まれてきた文化の継承と創造（78ページ〜参照）
観光	京都の魅力の創造と発信（164ページ〜参照）

巻頭　京都を学ぼう

京都が愛され続ける町であるための様々な取組

◆ 景観

京都の景観と調和した建物の高さやデザイン，看板のルール

　京都らしく美しい景色をより一層守っていくため，新しいルール（新景観政策）が2007（平成19）年に定められました。京都市全体で建物の高さや外観，看板の大きさや色などについて，京都らしいデザインとなるよう基準が設けられており，京都の景観との調和が図られています。（→65ページ参照）

祇園にある佐川急便の店舗

歴史的な町並みや京町家を守り育てる

　地区指定された歴史的な町並みの中にある伝統的な建物，寺や神社，京町家など，歴史的に重要な建物を改修する時は，その費用が補助されています。（→66ページ参照）

町並み景観をより美しく
～無電柱化，放置自転車対策～

　町並みの景観をより美しく保つために，世界文化遺産周辺などの地域を中心に，電線を地中に埋め，電柱をなくすなどの取組が進められています。また，放置自転車をなくしたり，自転車を放置させないための活動も行われています。
（→167ページ参照）

◆ 文化

歴史的・文化的遺産の継承

京都には，四季折々の祭や年中行事，古くから伝わる伝統芸能や伝統産業がたくさんあります。また，歴史や文化を象徴する建物や庭園，暮らしの中で受け継がれてきた食文化や地蔵盆などの無形文化遺産なども，数多く残されています。これらを守っていくため，有形文化遺産，無形文化遺産それぞれに，京都市独自の制度が作られています。

地震や火災などから，町並みや文化財を守る

世界遺産である二条城をはじめとする建造物などを保存・修理したり，東山区清水地域の文化財やその周辺地域などを守ったりするために，大きな防火水槽や市民用消火栓が整備されています。

学校で伝統文化体験

京都市内の小・中学校で，職人の指導のもと西陣織や京友禅，京くみひもなどを体験したり，京都三大祭を見学したりするなど，伝統文化や伝統芸能を体験する学習が行われています。また，「古典の日」の法律ができたことを受け，和装や茶道，日本舞踊の専門家が学校に派遣されるなど，「ほんもの」を体験する機会も増えています。

◆ 観光

観光客に優しい京都

国内や外国からの観光客や修学旅行生が，安心して京都を楽しめるよう，わかりやすい観光案内標識の整備や，外国語での観光案内が行われています。また，最新の情報がインターネットを使って発信されるなど，様々な京都の魅力が伝えられています。（→164ページ参照）

日本語の下に英語表記がある標識

京都の人がもっと京都を知る

観光客を温かくおもてなしするには，京都に住む人が京都に誇りを持つことが大切です。そのために，京都の人がもっと京都を知り，京都のことを体験できる取組が進められています。ジュニア京都検定やジュニア京都文化観光大使もその取組の一つです。

国際会議を京都で

国際的に重要な会議やイベントを京都で開くことで，世界中からたくさんの人を京都に招くことができます。そして，日本を代表する歴史都市・京都の魅力を世界に発信することができます。そのような国際会議を京都で多く開催できることを目指して，様々なPR活動が行われています。（→178ページ参照）

歴史　平安京以前　平安　鎌倉　室町　安土桃山　江戸　幕末維新　近代

京都の歴史を学ぼう

1. 平安京以前の京都

1-1 大昔の京都盆地は海水の下

　人が住み始める以前，京都盆地には大阪湾の海水が入りこんでいました。その後，陸地が盛り上がったり，河川が土や砂を運んだりして，盆地に積み重なっていきました。やがて盆地から水が減り，巨椋池（京都市・宇治市・久御山町にまたがる一帯。うめたてられて，現在はありません）などの内陸湖が残っていったのです。
　では，京都盆地に人はいつごろから住み始め，どんな暮らしをしていたのでしょう。

◆野山を移動して暮らした　後期旧石器時代（今から2～3万年前）

　京都の人々の歴史は発掘されたものから考えて，今から2～3万年前（後期旧石器時代）までさかのぼります。人々は，狩りをしたり，食べることのできる草や木の実を採取したりして，主に京都盆地の周りの山や平地の丘を移動しながら生活していたようです。市内の中心部にある朱雀第六・第七小学校の校庭や，中臣遺跡がある山科区の勧修小学校北側の市営住宅での発掘調査で，そのころに使われた石器などが発見されました。
　また，京都市動物園の地中からは，オオツノシカのものと思われる足跡が発見されています。

◆中臣遺跡から出土したナイフ型石器

◆京都市動物園の地中から発見されたオオツノシカのものと思われる足跡

◆東の方に多くの人が住んだ　縄文時代（今から約1万6500年前～2300年前）

◆縄文土器　深鉢
（京都大学構内遺跡から）

◆木の枝に切り込みをつけて土器に押し付け，模様をつけていました。

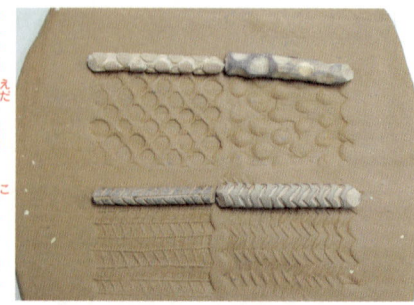

　人々は狩りや川での漁，木の実を採取して生活をしていました。京都盆地の各所で縄文時代の遺物が出土していますが，特に

人々が多く住んでいた北白川周辺からは，たくさんの土器類や竪穴住居跡が発見されています。

◆米づくりが始まり低地にも住む 弥生時代（今から約2300年～1700年前）

京都盆地でも，米づくりが行われるようになりました。そのため，水田をつくりやすい低地に集落が増えていきました。自然の恵みに頼る生活から，自分の手で米をつくって暮らすようになりました。また，青銅や鉄でつくった刃物や道具などを使うようになりました。水田が多くつくられた京都市の南部（伏見区・南区あたり）の低い土地からは，当時の遺跡がたくさん発見されています。

◆弥生時代の水路跡（伏見区下鳥羽芹川町）

◆弥生時代後期の竪穴住居跡（南区久世殿城町）
地面を掘って床にし，その上に柱を組んで草などの屋根をかけました。

◆弥生土器 つぼ（岡崎遺跡から）
食べ物などの貯蔵に使われていました。

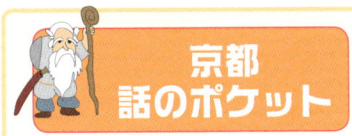

京都話のポケット　気候，地下水は湖底のなごり

　京都の地は，大昔は湖の底でした。北・東・西の三方を山に囲まれた，すり鉢の底のような地形を見ればわかります。その面影は，平安京が造営されるころはいくつも残っていました。二条城近くの神泉苑もその一つで，二条城がつくられるときに池の北側が埋めたてられるまでは，大きな池でした。

　京都の夏は蒸し暑く，冬は底冷えする気候や，地下水が豊かなことも湖のなごりです。茶道，庭園，友禅染や，酒，麩，豆腐づくりなど，きれいで豊富な水を必要とする文化や産業が発達したのも，湖だったことと無関係ではありません。

歴史　平安京以前

◆ **国宝　弥勒菩薩半跏像**（広隆寺蔵）
右手を軽く顔に触れてかすかに微笑んだ表情で，深く考えこむ姿はけだかい美しさがあります。

1-2 渡来系移住者・秦氏の役割

◆機織技術を伝え太秦の地に

右京区の太秦や広隆寺にゆかりのある秦氏は，朝鮮半島から日本に来た渡来人です。渡来人は，今でも大切にされている習慣や生活様式，多くの文化やすぐれた技術を日本に伝えたのです。

秦氏は，産業に関する新しい知識，特に織物の技術にすぐれていました。ハタとよばれたのは，織物を織る機に由来するという説もあります。太秦という地名も，秦氏に由来するものです。では，太秦の地にある秦氏に関係の深い史跡をみてみましょう。

◆国宝第1号が座る広隆寺

秦河勝が，聖徳太子から授かった仏像をまつるために建てたのが広隆寺です。安置されている弥勒菩薩半跏像は，国宝第1号としても有名です。

◆「京の三珍鳥居」がある蚕の社

木島坐天照御魂神社は，通称「蚕の社」と呼ばれることからわかるように，蚕の神さま（蚕養神社）がまつられています。養蚕・機織をつかさどった秦氏がまつったのが始まりとされています。この神社には，めずらしい鳥居（三柱鳥居）があります。鳥居の三方のどれもが正面で，どこからでも拝めるようになっているのです。

蚕の社の鳥居と，京都御苑南西の厳島神社の弓なりの石鳥居，北野天満宮の伴氏社のハスの花をかたどった台座のある石鳥居を京の三珍鳥居と呼びます。

◆ **三柱鳥居**
鳥居の三方どれもが正面で，どこからでも拝めます。

◆ヘビがゾロゾロ…蛇塚古墳

　蛇塚古墳は、京都市内でも大型の横穴式石室をもつ前方後円墳です。この古墳は、太秦の地で、大きな力をもっていた秦氏の統率者の墓だと考えられています。

◆市内最大級の天皇の杜古墳

　西京区にある、古墳時代前期の代表的な古墳です。4世紀代につくられ、今に残る前方後円墳です。全長83メートルの京都市内最大級の古墳です。斜面は葺石でかざられ、円筒埴輪が並んでいました。

◆秦氏が桂川洪水の悩み解決

　秦氏の功績として、河川の土木工事を忘れることはできません。桂川（当時は葛野川）は、たびたび洪水が起きていました。秦氏は大きな堰＝葛野大堰（今のダム）をつくって、川のはんらんを防ぎました。同時に、川の流れを本流と用水路に分けて、農業用水に利用できるようにしました。当時とは位置が変わっていますが、渡月橋上流の水の落ちている堰（右の写真）が同じつくりのものです。今でも、渡月橋上流の桂川を大堰川と呼んでいるのはそのなごりです。

◆蛇塚古墳（右京区太秦面影町）
古墳の石室の中にたくさんのヘビがいたということから名づけられています。

◆天皇の杜古墳（西京区御陵塚ノ越町）
古墳時代前期（4世紀代）につくられた古墳。現在、史跡公園になっています。

◆大堰川（渡月橋上流）

歴史　平安京以前

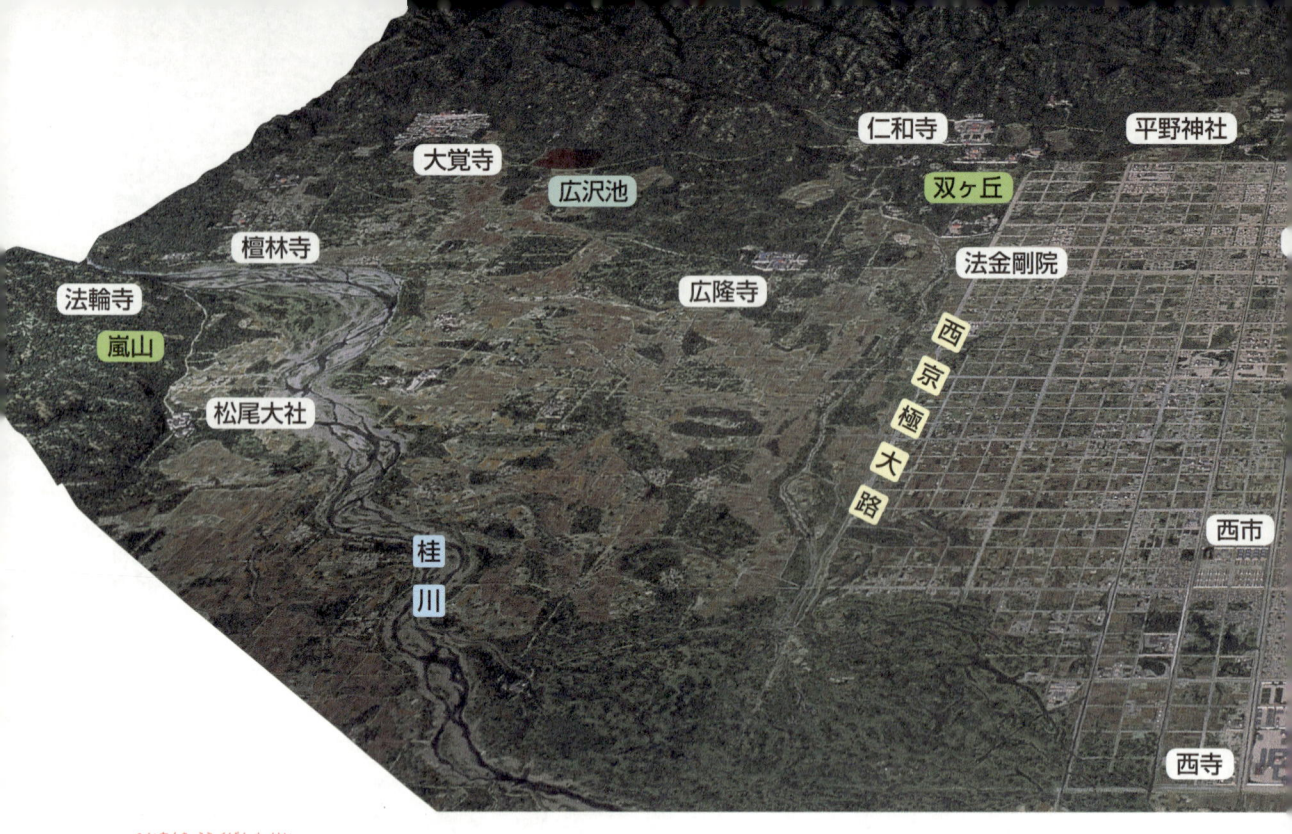

◆ 平安京復元模型 (1/1000)

京都市平安京創生館にようこそ！京都市生涯学習総合センター（京都アスニー）（中京区丸太町通七本松）では，「平安京復元模型」（写真）の一部を展示しています。タイムスリップして平安京の町の姿をのぞいてみませんか。

2. 日本風の文化が花ひらく平安時代

2-1 平安京の誕生

◆ 平城京⇒長岡京⇒平安京

　奈良時代の末になると，奈良の都（平城京）では道鏡をはじめとする僧たちが政治的に力をもち始めました。そこで781年に即位した桓武天皇は，力を増す仏教勢力などを政治から遠ざけるなどの理由により，都を移そう（遷都）と考えました。そして784年，京都の西方，長岡の地に都（長岡京）づくりを始めました。しかし，途中で建設責任者の暗殺をめぐって，桓武天皇の弟（早良親王）がその首謀者としてつかまり，絶食して亡くなってしまいます。ところが，死んだ親王がのろっているとして天皇や朝廷の人たちを悩ませたり，また，近くを流れる桂川が2度も洪水を起こしたことなどが原因で，わずか10年で長岡京を棄て，京都に都を移すことになりました。

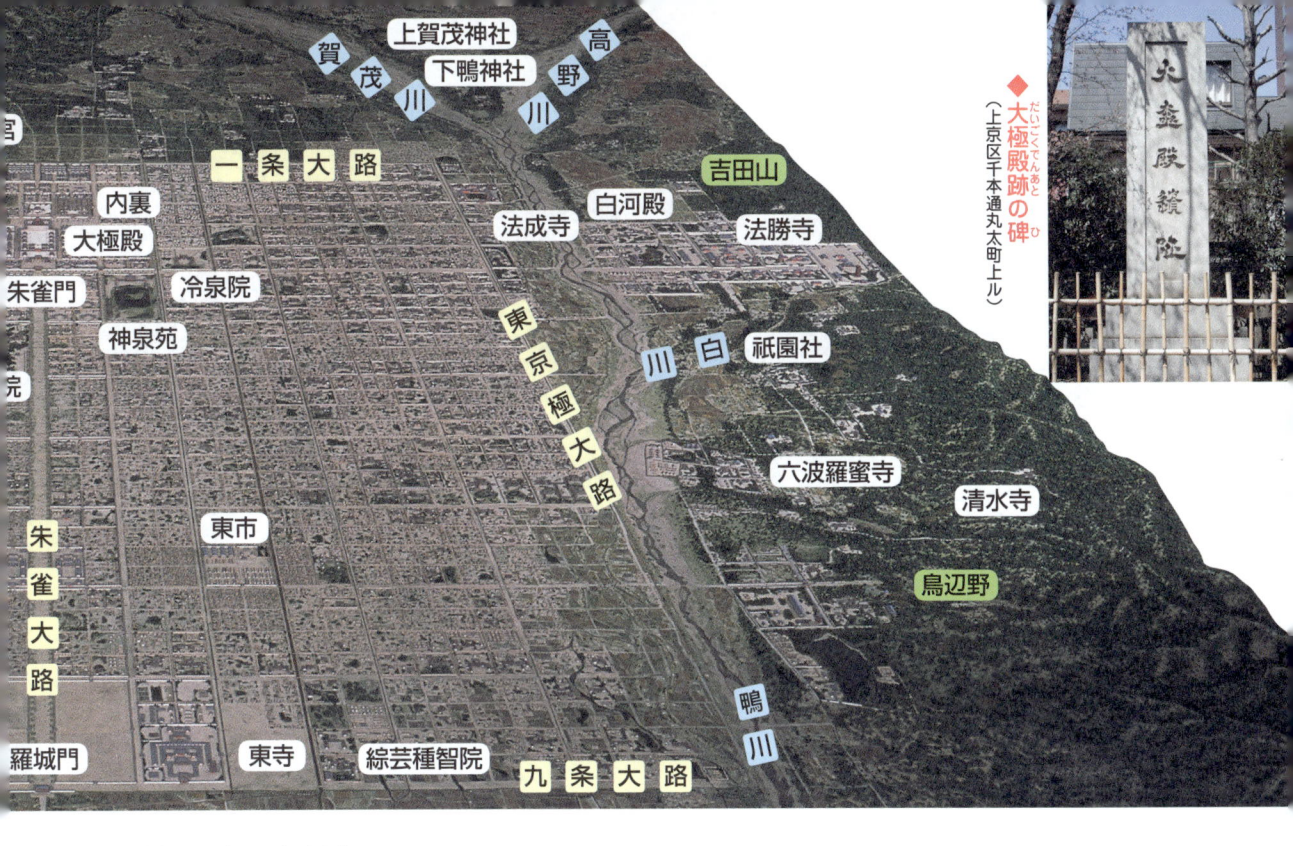

◆唐の都・長安をモデルにした

　794年に遷都された平安京は、奈良の平城京と同じく、中国（唐）の都だった長安（今の西安）や洛陽をまねてつくられました。東西約4.5キロメートル、南北約5.2キロメートルの長方形で、大きさは長安の3分の1程度でしたが、都市の配置などは、長安とたいへんよく似ています。北に政治を行う役所（大内裏）が置かれ、その中心には天皇の住まい（内裏）がありました。そこから都の玄関口となる南の羅城門までは、メインストリートの朱雀大路（幅約85メートル）が設けられました。また、これを中心に碁盤の目のように、大路（幅24〜36メートル）と小路（幅約12メートル）が張りめぐらされました。

> 今の京都市の町並みには、平安京のなごりがたくさん残っています。大路、小路のほか、条・坊など当時の区画制度を思わす呼び名もあります。地図を見たり、実際に歩いて、そのなごりを探してみてはどうでしょうか。

◆「右京」を離れ「左京」へ移る

　計画的につくられた平安京でしたが、できて百数十年たつと、様子が変わっていきました。都の西側に当たる右京一帯は、桂川を中心にした低湿地が多く、しだいに人が離れていってしまったのです。それに対して、東側の左京は、平安京の区域を越えて発展していきました。もとの平安京と比べてみると、今の京都市の市街地は少し東にうつっています。（1ページの写真を見てみましょう）

◆**京都御所紫宸殿** 御所の正殿で、歴代天皇の即位式や重要儀式が行われてきた場所です。今の建物は、1855年に再建されたものです。

◆「朱雀大路」は今の千本通

　今の千本通が、当時の朱雀大路にあたります。船岡山の頂上にあるずんぐりとした石が、朱雀大路をつくるときの基点になったといわれています。石を背にして南をみると、一直線に千本通が延びていて、その右側が右京、左側が左京です。千本通に沿って、道々に平安京の由来が説明されたパネルや石碑が立っています。

京都 話のポケット　「東寺」があるのに「西寺」は！？

　都の玄関口・羅城門の東側に東寺、西側に西寺という、国家を護るための二つの寺が創建されたのは、796年ごろのことといわれています。二つの寺とも五重塔がそびえる大きな寺でしたが、別々の運命をたどりました。
　教王護国寺が正式名である東寺は、823年、嵯峨天皇により空海（弘法大師）に与えられて真言密教の道場となり、何度もの焼失を乗り越え、今に至っています。
　一方、西寺は嵯峨天皇により守敏に与えられましたが、鎌倉時代にはなくなってしまいました。その原因の一つは、神泉苑での雨ごい勝負だといわれています。空海がお祈りしているときに雨が降り、負けた守敏は都での評判を落としたとされていますが、確かなことはわかっていません。

◆ 国宝　北野天神縁起絵巻（北野天満宮蔵）
菅原道真が大宰府に追いやられるのが決まり，家族が悲しむ姿と，右上の部屋で道真が梅の木を見上げながら歌を詠み，最後の別れをしている場面が描かれています。

2-2 藤原氏と日本風の文化の発展

◆ 政治の実権にぎる藤原氏

　藤原氏は，一族の娘や孫娘を天皇の后にして，天皇と親戚関係になりました。この関係は後々まで続き，やがて，藤原氏の娘と天皇の間に生まれた子どもが天皇になっていきました。

　藤原氏は，摂政（天皇が幼いころ，天皇にかわって政治を行う役目）や関白（成長した天皇を助けて政治を行う役目）という職について，政治の実権をにぎり，力をつけました。このような政治を「摂関政治」といいます。

　藤原氏は，学識の高い菅原道真によって力をおさえられかけたこともありましたが，藤原時平が，権力争いに負けた道真を，九州の大宰府に追いやりました。

◆ 菅原道真の肖像（北野天満宮蔵）

平安時代　歴史

「天神さん」は道真のたたりをしずめるため

　菅原道真がまつられている京都の代表的な神社が北野天満宮です。天神さんの名で親しまれ，合格祈願のお参りに各地から多くの人がやってきます。平安時代の初めに，学者の家に生まれた道真は，書や文章に大変すぐれていました。遣唐使廃止を提案するなど，政治でも活躍しましたが，九州の大宰府で，失意のうちに亡くなりました。道真の死後，都に不幸なことがたびたび起こり，道真のたたりだと恐れられました。そのたたりをしずめるために，北野に道真をまつったのが天神さんの始まりです。

> この世をば
> わが世とぞ
> 思ふ望月の
> かけたることの
> なしと思へば

（この世の中は，すべて私の思うとおりになります。丸い満月に欠けたところがないように，わたしにできないことはありません）

◆藤原道長・イラスト

◆藤原氏の栄華と仏教の信仰

　その後，藤原氏に並ぶ貴族はいなくなり，平安時代の中ごろ，藤原道長・頼通親子のころに，最も栄えました。

　道長もまた，娘を次々に天皇と結婚させました。3人目の娘が天皇の后に決まったときの心境を，上のような和歌によんでいます。

　こうして，藤原氏が権力をふるう貴族の世の中になっていきました。

　そうした中，中国（唐）の政治の制度や文化を学ぶために派遣されていた遣唐使が廃止されたころから，それまでさかんであった中国風の文化の影響が弱まり，貴族の間で日本風の文化がはぐくまれていったことも見逃せません。

　病気がちで浄土教を信仰していた年老いてからの道長は，東京極大路（今の寺町通）の東に，御堂とも呼ばれる法成寺を建てたので，御堂関白とか法成寺殿と呼ばれました。

◆法成寺跡の碑（上京区荒神口通寺町東入ル）

　しかし，たびたびの鴨川の氾濫や火事などにより，鎌倉時代末期にはなくなりました。場所は鴨沂高校グラウンドと校舎のある一帯が，その跡といわれています。

◆**国宝　平等院鳳凰堂**（写真提供平等院）

中堂を中心に，左右に広がる翼廊や，後ろにのびる尾廊の配置から鳳凰の姿を表しているといわれています。

◆平安時代の代表的建物，平等院鳳凰堂

「仏教がおとろえると世の中が乱れる」と説く考え方（末法思想）が広がるなか，頼通は，父・道長の別荘があった宇治に，1052年に平等院を建立し，その翌年に鳳凰堂を建てました。平安時代の寝殿造という代表的な建物で，阿弥陀如来像を安置する鳳凰堂の内部や池の周りからみた景色が極楽浄土を表しています。

平等院は，1994（平成6）年に，世界文化遺産に登録されました。また鳳凰堂は，2014（平成26）年の春に大修理を終え，平安時代の優美な姿に復元されました。

◆**平等院が描かれた10円玉（イラスト）**

歴史　平安時代

京都話のポケット　平安時代の秀才・藤原公任

平安京の貴族たちは，3艘の舟を川に浮かべ，それぞれに漢詩・和歌・管弦（管楽器と弦楽器）にすぐれた人がわかれて乗り込み，船上で才能を競いあう舟遊びを楽しみました。いずれも得意だった藤原公任は，藤原道長の供をした嵐山の大堰川での舟遊びでは，和歌の舟を選び見事な歌を詠みました。しかし，あとで「漢詩の舟に乗って（高い位の役人らしく）漢詩の才能を見せるべきだった。」と悔やんだそうです。公任のように，三つの才能のすべてにすぐれた人は，「三船（舟）の才」とたたえられています。でも公任って，ちょっと自信家すぎますね。

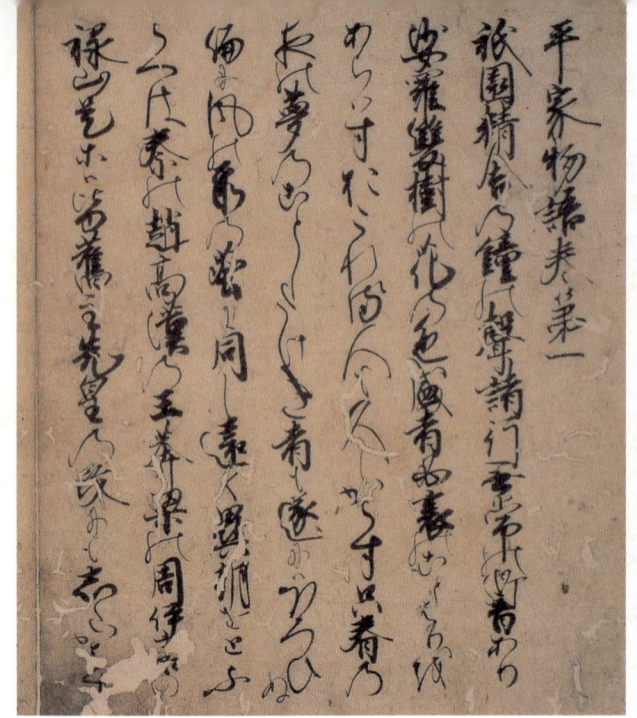

◆「祇園精舎の鐘の声…」で始まる『平家物語』
（龍谷大学学術情報センター大宮図書館蔵）

◆重文 伝・平清盛坐像（六波羅蜜寺蔵）

2-3 平家, つかの間の繁栄と没落

　平安時代の末期には, 武士が力を持つようになりました。中でも, 平家が勢力をのばし, 平清盛の時代に最も栄えました。

　清盛とその一族が政治や経済に大きな力をもったころ, その力は飛ぶ鳥を落とす勢いだったといわれています。

　平時忠の「平家にあらずんば 人にあらず」（平家でない人間は, 人としての価値がない）という有名な言葉があり, まさにその絶頂期を表しています。

　清盛は出世も早く, 1167年には, 武士で太政大臣にまで昇りつめています。

　そして, 身内を天皇家や朝廷に送り込みます。中でも娘・徳子を高倉天皇に嫁がせ, 生まれた子ども（清盛の孫＝安徳天皇）を幼いときに天皇につけてしまいます。そのようにして, 一門は重要な役職について日本のほぼ半分の富と権力を一手に握っていきました。

　平家一門の全盛期には, 六波羅（東山区の五条通〜七条通のあたり。六波羅蜜寺に石碑）に邸宅を建て, 政治的な拠点にしました。この周辺には一族すべてを合わせると, 3200余りの屋敷が立ち並んでいたといわれます。また, 清盛の住んでいた屋敷は「西八条殿」（下京区の梅小路公園周辺）が知られていますが, こちらも金銀をちりばめた50余りの邸宅が軒を連ねていたそうです。

　1181年, 清盛が64歳で亡くなると, 平家は急速に勢力を失っていきます。そして, 兵を挙げて迫り来る宿敵の源氏におびえ, 六波羅や西八条の邸宅などを自らの手で焼

◆「安徳天皇縁起絵図」第八巻「安徳天皇御入水」（伝・土佐光信 画／部分）（下関市・赤間神宮蔵）
壇ノ浦の海に飛びこんだ建礼門院が熊手ですくい上げられている場面が描かれています。

き払い，西に下っていきます。さらに，源頼朝の代官・源義経に，一ノ谷（兵庫県）と屋島（香川県）の合戦で相次いで敗れ，最後の決戦に臨んだ壇ノ浦（山口県）で，ほぼ一族全員が海の底へと消えていきました。

　平家は短い期間に栄華と没落を味わった数少ない武家（武士の一族）で，それは藤原氏など貴族の政治や文化を中心に回ってきた平安時代の終わりをも意味しました。源平合戦で勝利した頼朝は，わが国で初めての武家政権である鎌倉幕府を開き，本格的な武士の世の中が始まりました。

歴史　平安時代

京都 話のポケット

大原でひっそり，建礼門院

　平家一門は源平最後の壇ノ浦の決戦で敗れます。そのとき，海に飛び込んだ安徳天皇の母親・建礼門院（平徳子）は源氏の武将に引き上げられ，京都に送られました。建礼門院は長楽寺（東山区）で髪を剃り落とし，出家（お坊さんになること。女の人は尼さん）しました。そして，人里はなれた大原の寂光院に入り，海に沈んだわが子・安徳天皇となくなった平家の人たちを弔うため，念仏をあげてひっそりと暮らしたと伝えられています。寂光院は，2000（平成12）年に放火で焼失。2005（平成17）年に再建され，昔の美しい姿を取りもどしました。
建礼門院は隣の大原西陵に眠っています。

◆建礼門院御影像（長楽寺蔵）

3. 新しい仏教が興った鎌倉時代

◆ 国宝 伝・源頼朝像（神護寺蔵）

◆ 法然上人御影（伊達孝太郎筆・知恩院蔵）

　平家が滅亡し，代わって源氏の世の中になりました。1192年，源頼朝は征夷大将軍となりました。約400年の間，日本の中心であった京都から，遠く離れた鎌倉（神奈川県）に幕府が開かれ，武家政権が生まれたのです。それでも，京都は天皇が住み，天皇を中心とする朝廷がある都として，政治の面でも経済の面でも影響力を持っていました。鎌倉幕府は，のちに平家の屋敷跡に六波羅探題を設置して，京都の朝廷などを監視させました。

　鎌倉時代は，日本の仏教の歴史にとって，重要な時代です。平安時代の仏教は，貴族など一部の人だけのものでしたが，平安時代の末から鎌倉時代にかけて，貧しい人々でも平等に救われるという新しい仏教が生まれました。「南無阿弥陀仏」と唱えるだけで救われると説いた浄土宗の開祖・法然，その弟子で浄土真宗を開いた親鸞，日蓮宗の日蓮，臨済宗の栄西（「ようさい」とも），曹洞宗の道元といったすぐれた僧が出ました。いずれも比叡山延暦寺で学んだことがあり，比叡山は「鎌倉仏教の母山」と呼ばれています。

　この時代は，相次ぐ天災・火災・洪水なども加わって，人々の心は不安に満ちた深刻な時代でした。鴨長明は『方丈記』で「ゆく河の流れは絶えずして，しかも，もとの水にあらず」と，世のはかなさを描いています。→83ページ参照

◆国宝　上杉本　洛中洛外図屏風（左隻／部分）（米沢市上杉博物館蔵）

織田信長が狩野永徳に描かせ，越後（新潟県）の武将・上杉謙信に贈ったものといわれます。京都市生涯学習総合センター（京都アスニー）で，これの陶板壁画を見ることができます。

4. 金閣・銀閣を生んだ室町時代

4-1 「花の御所」と室町幕府

◆足利義満像（鹿苑寺蔵）

　14世紀になり，鎌倉幕府が滅んだ後，足利尊氏が室町幕府を開きました。室町時代も武家政権で，将軍は京都に幕府を構えました。

　室町幕府3代将軍・足利義満は，1377年に今出川通室町の地に新しく邸宅兼役所を建てました。邸宅の庭に鴨川の水が引かれ，四季折々の花の咲く木がたくさん植えられていたことから「花の御所」と呼ばれました。足利氏の幕府を室町幕府というのも，この新

鎌倉・室町時代　歴史

23

◆金閣寺（鹿苑寺） 　　　　　　◆銀閣寺（慈照寺）

しい邸宅が室町にあったことにちなんでいます。

　義満が建てた花の御所は，8代将軍・足利義政のころに応仁の乱の戦火によって焼失し，現在は残っていません。しかし，当時の花の御所の様子が『洛中洛外図屏風』に，京都の景観とともに描かれています。

◆銀閣寺・東求堂内の書院・同仁斎。四畳半茶室の原型といわれています。

京都 話のポケット　北山・東山文化の"代表"

　室町時代前期に花開いた文化を北山文化，中期の文化を東山文化といい，それぞれの文化を代表するのが，金閣寺と銀閣寺です。

　金閣寺は1397年，室町幕府3代将軍の足利義満が，ばく大な費用を使って北山に別荘を建て，死後，義満の法名（仏門に入り僧となる人に授ける名。戒名）をとって鹿苑寺が正式名になりました。境内の諸堂のうち，三層の楼閣の舎利殿は金箔を張ったことから金閣と呼ばれています。1950（昭和25）年，放火で焼失しましたが，5年後に再建されました。

　銀閣寺は，義満の孫の8代将軍・義政が，金閣寺に負けないものをと考えて，1489年，東山に山荘を建てました。死後，義政の法名から慈照寺と命名されました。境内の二層楼閣の観音殿を銀閣といいますが，銀箔は張られていません。金箔の金閣に対し，質素で幽玄（奥深くあじわい深いこと）なたたずまいが特徴です。

◆ 真如堂縁起絵巻 応仁の乱（真正極楽寺蔵）
東軍、西軍が入りまじって戦っている兵士の姿が描かれています。

4-2 「応仁の乱」で京は焼け野原

◆ 細川勝元像（龍安寺蔵）

京都の大半が焼け野原となってしまう「応仁の乱」と呼ばれる大きな戦いが、1467（応仁元）年から1477年まで、11年間にわたって起こりました。

戦いの原因はいくつかありますが、大きな原因は室町幕府将軍の跡継ぎ争いです。当時の将軍だった義政の弟・義視を立てる細川勝元と、義政と妻の日野富子との間に生まれた子の義尚を推す山名宗全が中心になって争いました。

宗全（西軍）は、自分の邸宅に陣をおいて、勝元（東軍）と戦いました。西陣織で有名な西陣という地域は、宗全が率いる西軍が陣を置いたことから、こう呼ばれるようになりました。西陣の名の由来は、応仁の乱だったのです。

歴史 室町時代

京都話のポケット　祇園祭が30年間も中止に

応仁の乱で、祇園祭が30年間も中止されました。第2次世界大戦のときでもわずか4年間の中断ですから、応仁の乱がいかに庶民を苦しめたかがわかります。乱は、多くの兵士が集合できる大寺院を、双方が放火しあう形となりました。花の御所はもちろん、上京区の相国寺や伏見区の醍醐寺も、国宝である上醍醐の薬師堂や下醍醐の五重塔などを除くすべてが焼かれました。応仁の乱の後、荒れた京都のまちは、町ごとに自治組織を運営した町衆（「ちょうしゅう」とも）によって復興されました。祇園祭も町衆によって再開され、町衆の祭りとなっていきました。

訪ねてみよう 室町時代の史跡

京都の中心地は、「応仁の乱」によって荒廃したため、当時の建物などはほとんど残っていません。しかし、歴史を伝える石碑などが立っているので、探してみましょう。

足利将軍室町第跡石碑
上京区室町通今出川

室町幕府の歴代将軍の屋敷・室町殿があり、政治の中心となった場所です。東西は烏丸通から室町通、南北が今出川通から上立売通の範囲で、室町幕府の最盛期をきずいた3代将軍足利義満がつくりました。応仁の乱によって焼失してしまいました。

山名宗全の屋敷跡（近くに別の石碑もあります）
上京区堀川通上立売下ル一筋目西角

西軍の総大将・山名宗全の屋敷があった場所です。そのため、このあたりは山名町と呼ばれます。この屋敷近くで激しい戦いが繰り広げられ、その戦火は京都の町の半分を焼き尽くしたといわれます。

> 京都市内にはたくさんの石碑、道標（みちしるべ）があります。京都市歴史資料館のホームページ「フィールド・ミュージアム京都」では、京都市内の史跡石標（石碑）・道標を調べることができます。自分の地域にはどんな石碑や道標があるか、調べてみましょう。
> https://www2.city.kyoto.lg.jp/somu/rekishi/fm/index.html

足利尊氏の屋敷・等持寺跡
中京区御池通高倉上ル東側

室町幕府を開いた足利尊氏は、このあたりに屋敷を構えました。後に、等持寺というお寺に改められましたが、「応仁の乱」の混乱によって衰退し、等持院（北区）と合併しました。尊氏は三つのお寺を建てたいと考えていましたが、実現できなかったため、「寺」という文字が三つ含まれる「等持寺」という名前がついたそうです。

> **等持院**（北区）足利尊氏が建てたお寺で、立命館大学衣笠キャンパスの南にあります。美しい庭で知られ、霊光殿には室町幕府の歴代将軍の木像がまつられています。

応仁の乱が始まった場所
上京区上御霊前通烏丸東入ル

「応仁の乱」は上御霊神社で始まりました。きっかけは、畠山政長と畠山義就によるあと継ぎ争いです。上御霊神社に陣を構えた政長軍と、攻め込んだ義就軍が戦いました。この戦いは「御霊合戦」と呼ばれ、1日で終わりましたが、後に東軍24カ国16万人、西軍20カ国11万人が争う大戦乱へと発展したのです。

百々橋の礎石

百々橋は、昔、洛中を流れていた小川という川に架かっていた橋です。「応仁の乱」の最初の大合戦の舞台となった場所で、その橋を支えた礎石が残されています。その礎石の一部が、上京区の宝鏡寺の東や室町小学校内に残されています。

◆ **聚楽第図屏風**（全図）（三井記念美術館蔵）
平安京の大内裏の跡地に建てられました。金箔のかわらで彩られ，敵の攻撃にもそなえた巨大な屋敷です。当時の秀吉の権力の大きさがわかります。

5. 安土桃山時代の京都

5-1 信長から秀吉へ，天下統一

室町時代の末期には，全国の有力な武将が領土の拡大を目指す戦いが，全国各地で起こったため戦国時代と呼ばれています。この時代を最初に統一に導いたのが，尾張（愛知県）の織田信長でした。信長は，鉄砲（火縄銃）をいち早く戦にとり入れ，比叡山延暦寺を焼き打ちするなど，抵抗する勢力を力でねじ伏せました。そして，室町幕府最後の将軍・足利義昭を追放しました。

全国統一を目前にした信長は1582年，家臣の明智光秀の裏切りによる「本能寺の変」で，焼け落ちる寺とともに自害しました。当時の本能寺は，油小路通蛸薬師（前の本能小学校，現在の堀川高校本能学舎・特別養護老人ホーム等複合施設あたり）にありましたが，後に京都市役所前の寺町通の現在地に再建されました。

◆ **豊臣秀吉像**（高台寺蔵）

その後，光秀は，信長の死を知ってかけつけた羽柴秀吉（後の豊臣秀吉）に，山崎の合戦で敗れ，光秀の「三日天下」といわれました。秀吉は，日本最大の大阪城や伏見の発展の土台となる伏見城を建設し，聚楽第（「じゅらくてい」とも）という豪華な大邸宅も構えましたが，今では屏風絵などでしのぶほかありません。大徳寺の唐門や西本願寺の飛雲閣が，その一部を移築したものと伝えられています。

◆伏見桃山城内所蔵 黄金の茶室（京都市）
豊臣秀吉が京都御所に組み立て式の座敷を運び、正親町天皇に茶をたてたといわれる復元の黄金の茶室。

北野大茶湯　茶席が1500も並ぶ

　1587年，豊臣秀吉によって，北野天満宮とその付近一帯の松原で，大規模な茶会が開かれました。全国から，身分に関係なく多くの人が集まりました。茶席が道の両側に1500も並ぶほどの盛大さで，北野天満宮には黄金の茶室が置かれ，秀吉自慢の名器の茶道具が登場しました。千利休など，当時の一流の茶人とともに秀吉自身も茶をたて，大勢の人にふるまったといわれています。

◆重文 紙本著色醍醐花見図屏風（国立歴史民俗博物館蔵）
豊臣秀吉が醍醐寺で催した豪華な花見の宴。

醍醐の花見　秀吉一族，家臣らが盛大に

　秀吉は，「応仁の乱」で荒れ果てていた醍醐寺を整備し，700本もの桜を植え，1598年3月に花見をしました。その花見には，息子の秀頼，妻の北政所，淀君をはじめ，家臣など1300人を超える人が集まったといわれています。
　この5カ月後に秀吉は，伏見城でその一生を終えますが，この花見は最後の楽しみになったのかもしれません。

◆ 都の南蛮寺図（神戸市立博物館蔵）

モダンな三階建ての教会が描かれています。通りには多くの店が並び、その中に帽子を売る店もあります。

5-2 秀吉，京を御土居で囲み改造

　秀吉は，商業活動を活発にさせるため，京都の大改造を手掛けました。東は鴨川，西は紙屋川，北は鷹峯，南は九条にいたる全長約22.5キロメートルにおよぶ土塁（土を盛りあげたもの）で都を囲みました。これを御土居といいます。京都の防衛や洪水対策などを目的とした大土木工事です。また，秀吉は京都にある寺を寺之内通や寺町通に強制的に移転させました。通りの名はお寺が集まったことからつきました。

◆ 御土居（北区・大宮）

　信長の規模が大きくてはなやかな安土城（滋賀県）と秀吉の伏見城（伏見区桃山）から，この時代は「安土桃山時代」とよばれ，桃山文化が花開きました。

　信長はキリスト教に好意的で，南蛮文化と宣教師（神父）が入ってきました。南蛮とは，ポルトガルやオランダなどを意味し，京都に南蛮寺がつくられました。

京都話のポケット　別名・湯たくさん茶くれん寺

　上京区に浄土院という寺があります。秀吉は，北野大茶湯を開いたときにこの寺に立ち寄り，住職に茶を飲ませてほしいと頼みました。ところが，住職はお茶ではなく，お湯ばかり出しました。秀吉は，千利休から茶道を習い，立派な茶道具もたくさん持っています。住職は，そんな秀吉にお茶を点てて差し上げるのははずかしいと，お湯ばかり出したのです。そのことから，この寺は通称「湯たくさん茶くれん寺」と呼ばれるようになりました。

◆天然記念物　遊龍の松（善峯寺）　樹齢600年という五葉松で，全長40数㍍，龍のようにのびているので名前がついた

6. 京・江戸・大阪　三都にぎわう江戸時代

6-1　徳川幕府が京の寺社を復興

　秀吉の死後の1600年に，徳川家康を中心とした東軍と石田三成を中心とした西軍が，岐阜の関ケ原で「天下分け目」の合戦を繰り広げました。戦いは東軍が勝ち，天下を取った家康は，江戸（東京）に幕府を開きました。そして，大阪冬の陣・夏の陣で大阪城を攻め落とし，豊臣家は滅亡しました。徳川幕府は以後15代265年間続きました。今に残る二条城は，家康の京都での宿泊所にするためと，朝廷を監視するためにつくられたものです。

　京都の有名寺社は，秀吉やその当時の大名が援助して建てられたものも数多くありますが，江戸時代の寛永年間（1624～1644）に創建・復興されたものも非常に多く，寛永文化が花開きました。修学院離宮をつくった後水尾上皇は，2代将軍・秀忠の娘（東福門院）を妻にし，寛永文化の発展の中心人物でした。幕府は，朝廷に干渉しましたが，京都への経済的援助は惜しみませんでした。江戸時代，江戸・大阪・京都は「三都」と呼ばれ，にぎわいました。政治の中心であった江戸は「将軍のおひざもと」，商業都市として栄えた大阪は「天下の台所」と呼ばれました。朝廷のある都であり，いわば天皇のおひざもとであった京都では，伝統的な手工業が栄えました。

◆修学院離宮の寿月観

◆桂離宮の茶室・松琴亭　左の市松模様の図柄が有名です。

といわれています。（10数カ所から撮った写真を合成したものです）

◆ 詩仙堂　徳川家康の家臣であった石川丈山が建てました。

◆ 光悦寺　写真右，光悦垣と呼ばれる有名な垣根があります。

◆ 東本願寺　親鸞をまつる大きな御影堂。

◆ 清水寺・成就院　東福門院の寄進で再興されました。

京都の寺社はさまざまな人が寄進（お金や物による援助）して建てられています。どんな人がかかわったのか調べてみよう。

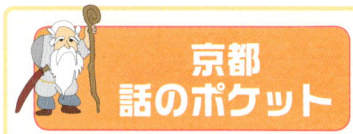

歴史　江戸時代

京都話のポケット　なぜ「お東さん」と「お西さん」？

　烏丸通にある東本願寺と堀川通の西本願寺。この二つの寺院には織田信長，豊臣秀吉，徳川家康の3人の武将が深くかかわっています。もとは一つの寺で，信長のころは，今の大阪城の場所にありました。「石山本願寺」と呼ばれ，城のような頑丈なつくりをしていましたが，これを信長が攻め，11年間にわたる「石山合戦」となりました。このあと本願寺は，信長と和解して和歌山に移りましたが，1591年に秀吉に堀川の地を与えられて京都へ移りました。さらに，家康が1602年，その東側の烏丸の土地を与えて東本願寺が分立しました。堀川の本願寺は西本願寺と呼ばれるようになり，京都の人々は親しみをこめて「お東さん」「お西さん」と呼んでいます。

◆角倉了以像（大悲閣千光寺蔵）　　◆角倉了以の墓（嵯峨・二尊院）　　◆大堰川の安全を見守り続ける
　　　　　　　　　　　　　　　　　　　　　　　　　　　　　　　　　　　角倉了以の銅像（嵐山公園亀山地区）

6-2 角倉了以が京の経済発展に力

　江戸時代初期の豪商・角倉了以は，大堰川（桂川）の保津峡付近や高瀬川を開削したことで知られています。角倉家は，海外との貿易などで豊かになり，たくさんの資金が必要な河川の開削ができたのです。

◆画期的な技術で大堰川開削

　桂川の上流にあたるこの川は，山間をうねるように急流が続き，川の中にたくさんの岩などがあって，船の通行は不可能な状態でした。了以は，1606年の春に大堰川の開削にとりかかりました。大きな石を縄で動かし，水面に出ている石は爆破し，流れの急なところは岸を広げるという，めざましい土木技術を用いた工事で，わずか5カ月で完成させました。

　大堰川の水運により，丹波でとれた米や木材，薪や炭などが今までより大量に京都へ輸送されるようになり，その通行料収入によって角倉家の財政は大いにうるおいました。

◆高瀬川開削で楽に荷物輸送

　大堰川開削の功績が認められた了以は，1611年，幕府の許可を得て高瀬川の開削工事に着手しました。それまで，大阪から京都まで物を運ぶときは，船で淀川を伏見

◆「高瀬川一之船入」(木屋町通二条下ル) 　　　◆鴨川(みそそぎ川)の水を高瀬川へ取り入れている場所
（二条大橋の下流）

までさかのぼり，そこから牛や馬，人手により京都の町まで運んでいました。しかし，高瀬川の完成によって，伏見と京の中心部を結ぶ効率的な水運が開かれ，江戸時代を通じて長く利用されました。

◆ 経済発展進めた高瀬川水運

　1614年ごろには，高瀬川の全水路が開通しました。鴨川の二条付近から水を引き入れ，木屋町通沿いに南下して，伏見港につながる全長約10キロメートルの運河となりました。高瀬川の開通によって，京都と地方との物の行き来が盛んになりました。また，高瀬川に運ばれてきた品物をあつかう商人たちが高瀬川沿いに集まり，木材や米，塩，しょう油などの問屋が数多く立ち並んでにぎわいました。全盛期には，200そう近い高瀬舟が往来しました。こうして江戸時代から大正時代にかけて，高瀬川の水運が京都の産業・経済の発展に大きな役割を果たしたのです。

歴史　江戸時代

西高瀬川の開削
江戸時代末期の1863年には，嵐山の大堰川から下鳥羽の鴨川まで通じる西高瀬川が開削されました。丹波の木材や薪，炭などが京都の町に運ばれて，千本通三条周辺には材木問屋が数多く集まるようになりました。

京都話のポケット　「高瀬川」の名は「高瀬舟」から

　高瀬川の名は，この川に高瀬舟が運航されたことにちなみます。高瀬舟は，へさきが高くあがり，舟の底が平たい小型の舟で，浅い川でも舟の底がすれずに運航できました。高瀬川は森鷗外の小説『高瀬舟』の舞台としても有名です。

◆ 大政奉還の図　徳川15代将軍・徳川慶喜が、大政奉還を表明した二条城二の丸御殿大広間。

7. 京を舞台に幕末維新の動乱

　徳川幕府の末期を幕末といいます。このころ、幕府の力では全国を統制できなくなり、各藩は経済的に困っていました。幕府を守ろうとする佐幕派と、天皇中心の政治を目指す尊王派にわかれ、各藩から脱藩する武士が続出しました。

　このころの京都は、騒然とした状態でした。佐幕派と、幕府を倒そうとする尊王の志士が、双方入り乱れての暗殺事件が続きました。

　幕府は京都を守るため、京都守護職に会津藩（福島県）の藩主・松平容保をあてましたが、京都の治安はどんどん悪くなっていきました。このため、幕府は江戸の浪人たちの中から武道の腕のたつ者を集め、京都に派遣しました。それが、後に近藤勇、土方歳三たちの「新選組」となりました。新選組が起こした大事件は、1864年の「池田屋事件」です。祇園祭の宵山の夜、三条小橋の旅館池田屋を襲い、長州藩（山口県）などの志士ら多くの死傷者が出ました。

◆ 新選組局長の近藤勇　（霊山歴史館蔵）

1866年には、土佐藩（高知県）の坂本竜馬の仲立ちで、薩摩藩（鹿児島県）の西郷隆盛と長州藩の桂小五郎が話し合って、幕府に対抗するための強力な薩長同盟が成立しました。幕府最後の将軍・徳川慶喜は、1867年、二条城で政権を京都の朝廷に返す「大政奉還」を表明しましたが、これに対し、京都御所内の小御所会議で、慶喜の官職も幕府の領地も取り上げる決定が出されました。

　幕府に対する厳しい仕打ちから、1868（明治元）年1月、新政府軍と旧幕府軍が、京都南部の鳥羽・伏見で戦い、新政府軍が勝利しました。しかし、その後も東日本を中心に全国各地で戦いが行われました。1868年が、干支で戊辰の年にあたることから、戊辰戦争と呼ばれています。戦いは新政府（明治政府）軍が勝ち、全国を統一支配することになりました。

2017（平成29）年に大政奉還の表明から150年を迎えました。

◆ 蛤御門に残る当時の弾痕と思われる傷跡

◆ 長州勢が猛攻をかけた京都御苑・蛤御門

◆ 伏見の戦跡碑（伏見区・御香宮神社）

歴史　幕末維新

京都話のポケット 「忠僕茶屋」と「舌切り茶屋」

　清水寺の境内には、「忠僕茶屋」と「舌切り茶屋」が建っています。うどん、そば、ところてんなどを出してくれる休憩茶屋です。「忠僕茶屋」は、幕末の勤王僧として知られる清水寺の月照に付き従った重助ゆかりの場所。重助は、幕府の追及を逃れて鹿児島の海で自殺した月照に最後まで尽くしました。

　「舌切り茶屋」は、清水寺の寺侍・近藤正慎ゆかりの茶屋。月照の京都脱出を助け、幕府に捕まって厳しい拷問を受けます。しかし、舌をかみ切って自殺し、月照をかばいました。清水寺では、この忠実なふたりをしのんで、現在も関係者に茶屋の営業を許可しています。

8. 京に活気，近代化に取り組む

8-1 全国に先がけた京の小学校

◆町組をもとに「番組小学校」

　全国に小学校がつくられるようになったのは，学制という仕組みが国で決められた1872（明治5）年です。しかし，京都ではこれより3年も前に学区制の小学校がつくられていました。その数なんと64校。全国に先がけてつくられたこれらの小学校を，「番組小学校」といいます。

　「番組」というのは，江戸時代の町組（「まちぐみ」とも）をもとにつくられた自治組織（自分たちで町を治める仕組み）です。上京に33，下京に32（のちに33）の「番組」が置かれました。そして，ほぼ各番組に一つずつの小学校がつくられました。

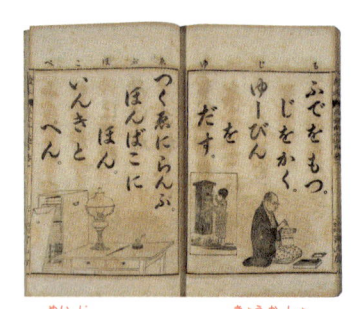

　当時，幕末維新の混乱に加え，明治時代になって東京という新しい都が定められたことで，京都の人口は34万人から23万人にまで減ったと言われています。京都の人々は，このままでは，京の町がさびれていくのではないかと心配しました。そこで，子どもを教え育てることが，京の町の繁栄につながると考え，全ての子どもたちが通うことのできる小学校をつくったのです。

　小学校を運営するために，番組内でかまどのあるすべての家が「かまど金」と呼ばれるお金を負担しました。また，小学校のために寄付をする人もいました。「地域の子どもは地域で育む」という考えのもと，子どもがいる，いないにかかわらず，番組内の人々が協力して小学校を支えていたのです。

　日本最初の学区制小学校は，1869（明治2）年5月開校の上京二十七番組小学校（現在の京都御池中学校）とされていますが，下京三十三番組小学校（元弥栄中学校）とする説もあります。

◆龍池校 地理の授業風景
（1924（大正13）年 元龍池小学校蔵）

◆明治時代の国語の教科書
（1900（明治33）年 元修徳小学校蔵）

◆当時のノートは石盤と石筆
（石盤：1880（明治13）年 元日彰小学校蔵）
（石筆：年代不明 元城巽幼稚園蔵）
蝋石を加工した筆で石の板に絵や文字を書きました。

（写真3点 京都市学校歴史博物館提供）

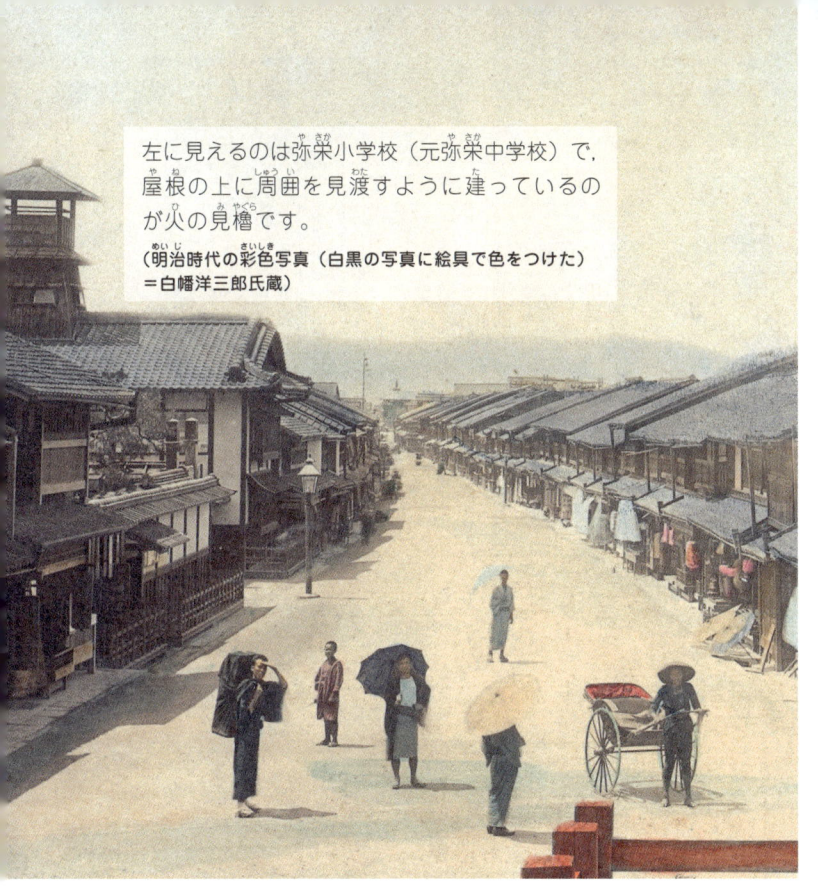

左に見えるのは弥栄小学校（元弥栄中学校）で、屋根の上に周囲を見渡すように建っているのが火の見櫓です。
（明治時代の彩色写真（白黒の写真に絵具で色をつけた）＝白幡洋三郎氏蔵）

◆京都市学校歴史博物館正門

◆同玄関

当時「番組」が置かれたところを歩いて、今に残る「番組小学校」の建物を探してみましょう。

京都話のポケット

番組小学校にあった火の見櫓

当時の「番組小学校」は、消防署や区役所、交番や保健所などの役割も受け持っていました。そのため、どの小学校も屋根の上に火の見櫓を備えていました。

子どもの教育だけではなく、番組内のすべての人々の生活や安全のために役立っていたのです。明治時代の後半になると、学校としてのはたらきが中心となりました。

京都市学校歴史博物館

元開智小学校。今は、博物館として利用されています。ボランティアの方が、「市民学芸員」として京都の学校の歴史を伝えています。京都市学校歴史博物館を訪ねて、学校の歴史を学んでみましょう。

歴史　近代

◆江戸時代の学校「寺子屋（手習塾）」

江戸時代の子どもたちは、どんな教育を受けていたのでしょうか。武士の子どもは、藩校（各藩に置かれた学校）などで教育をうけましたが、町人の子どもは「寺子屋」で学びました。お寺のはなれ座敷などで、「読み、書き、そろばん」を学びました。習字でひらがな、カタカナ、簡単な漢字を覚え、算数の初歩を学んだのです。年齢別に教室があるわけではなく、6歳前後から12歳ごろまでの子どもが一緒に学んでいました。幕末から明治初年にかけて、京都の上京に58、下京に20の寺子屋があったといわれています。

◆第1トンネル東口の工事風景

◆田辺朔郎の像（蹴上）
実際に計画・工事の中心となったのは当時23歳の若さだった田辺朔郎でした。

◆工事の初期の排水は、人力水車で行われていました。

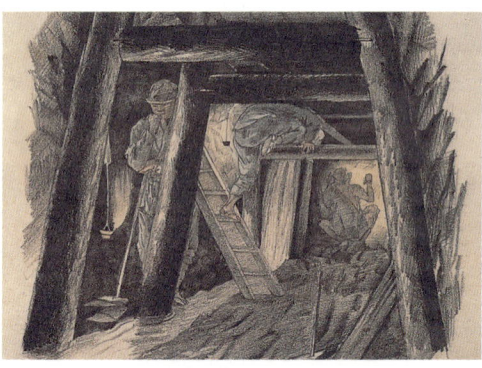

◆トンネル内のせまく暗い中での作業は、わき水にも悩まされました。

◆シャフトは、人の力で巻き上げて人の出入りや水のくみ出しを行いました。

◆竪坑（小関越の途中）
竪坑開削の目的は、①工事を速やかに完成させる②トンネル内に新鮮な空気を送りこむ③完成後もつねに日光をとり入れる――の三点でした。

8-2 明治の大事業「琵琶湖疏水」

◆京の近代化へ若き技術者が活躍

　琵琶湖から京都市に水を流す「琵琶湖疏水」の工事は、明治になって都が東京に移った後、京都に活気を取りもどそうとして始められました。当時の京都府知事の北垣国道が、測量を島田道生に、監督を工部大学校（今の東京大学）を卒業したばかりの青年技術者・田辺朔郎に依頼して行った一大事業です。1890（明治23）年に、滋賀県の

大津と京都蹴上が結ばれ，1894（明治27）年には伏見まで延長されました。
　現在，琵琶湖疏水の中心的な役割は水を得ることですが，建設当時は運河として大きな役割を果たしていました。また，水力発電への利用にも成功し，この電力によって，京都の市街を走る日本初の路面電車が実現しました。
　工事は，硬い岩とわき水とのたたかいで，ポンプで水をくみ上げたり，掘った土を「もっこ（縄で作った網）」に入れ，てんびん棒でかついで運びだしたりと，たいへんな重労働でした。

◆疏水工事にはいろいろな工夫

　長等山を貫く長さ2436メートルの第1トンネルは，垂直に穴を掘って工事を進める「竪坑（シャフト）」という工法でつくられ，これによって工事の期間が縮まったといわれています。今でも，大津から京都へぬける「小関越」の途中で，大きな第1竪坑の

◆**インクライン**（明治時代の彩色写真＝白幡洋三郎氏蔵）
琵琶湖疏水事業の中でも重要で，注目された装置でした。水車を使って動かす計画でしたが，のちに水力発電を行って，電気によって動かすことに変更されました。インクラインは距離にして582メートル，2本の軌道の上を台車が行き来し，船はその上にのせて運ばれました。通過時間は10〜15分でした。

地上部分を見ることができます。
　そのほかにも、疏水にはいろいろな工夫があります。蹴上には、水力発電の電力を利用したインクラインもつくられました。これは、船をレール上の台車に乗せて、大きな高低差をスムーズに運行するための仕組みです。また、南禅寺の境内を通る疏水分線（支流）は、寺の景観をこわさないように、水路閣という味わいのある建造物となっていて、今も周囲の景色にとけこんでいます。

◆疏水沿いは「いこいの場」に

　現在、山科あたりの疏水沿いは、散歩道や公園として整えられ、市民のいこいの場となっています。蹴上広場には、田辺朔郎の銅像や工事で亡くなった人々の碑などがあります。また、岡崎の京都市動物園の横には、1989（平成元）年に「琵琶湖疏水記念館」がつくられ、当時の道具やインクラインの模型など、貴重な資料が展示されています。現在、京都市内のほぼすべての水は琵琶湖疏水から給水されていて、京都市民にとって、疏水は昔も今も、とても大切なものなのです。

◆南禅寺の境内の水路閣
当時橋の上を水が流れるのは珍しいことで、堂々たる姿をたたえて水路閣と呼びました。

琵琶湖疏水に京都市と大津市を結ぶ通船を復活させて、平成30年度から観光資源として運航しています。

京都話のポケット　水車から水力発電へ大変更

　1885（明治18）年、田辺朔郎が着工した琵琶湖疏水の目的は、水力・水運・生活水の確保などでした。中でも、大規模に水車を回す水力利用計画が重要視されていました。
　しかし、工事が進むなか、アメリカ合衆国で水力発電が始まったことを知った田辺は、さっそく視察に出かけ、それが素晴らしい新技術であることを確信。帰国後、政府や京都府を説得して、水力発電に変更することが、急きょ決定されました。
　その結果、1891（明治24）年、蹴上に事業用としては日本最初の水力発電所が完成。京都の近代化と発展に大いに役立ちました。

◆ 琵琶湖疏水記念館

◆ 当時のペルトン水車（琵琶湖疏水記念館に展示してあります）

◆ 蹴上発電所の内部（1912（明治45）年）

◆ 琵琶湖第一疏水（山科区日ノ岡）

10月15日って何の日？

　京都市が誕生したのは，1889（明治22）年のことです。この時，京都市をはじめ全国で39の市が誕生しましたが，京都，東京，大阪の三つの都市は，政治的な重要性から，独自の市長や市役所を持つことなく，京都市は京都府の直轄の下におかれました。また，その年に京都市会が開会し，議長と議長代理者や市会でのルールなどを決めました。

　これに対し，自分たちの手で地域社会を支えていきたいとの思いをもった当時の人々は，政府に対し力強く働きかけ，その結果，市民の手によって市長が選ばれ，市役所が開庁されました。

　この日が，明治31年10月15日です。京都市では自治権を獲得し，新たな時代を切り開いていくこととなった記念すべき日として，10月15日を「自治記念日」としています。

寺院・神社
さん然と輝く世界文化遺産

「古都京都の文化財」に17寺社・城

　1994（平成6）年，京都市・宇治市・大津市の17の寺社・城が，世界文化遺産に登録されました。世界文化遺産は，日本だけでなく世界の大切な文化財として，ユネスコ（国連教育科学文化機関）によって登録されるものです。国宝建造物や特別名勝庭園があり，また周辺の風致景観が保護されている寺社と城が，「古都京都の文化財」として登録されました。

上賀茂神社（賀茂別雷神社）（北区）
下鴨神社とならぶ賀茂氏の氏神として創建された京の古社のひとつです。本殿並びに権殿は国宝，34の社殿はすべて重文。9月9日には，刀祢が烏の鳴き声を真似し，細殿前で子どもが相撲をとるユニークな烏相撲の行事があります。

下鴨神社（賀茂御祖神社）（左京区）
上賀茂神社と同じく，平安時代以前に創建された神社です。上賀茂神社と合同で行う葵祭（賀茂祭）は，京都三大祭のひとつです。平安時代には，祭りといえば葵祭のことをさしたといわれるくらいで，紫式部の『源氏物語』などにも登場します。

東寺（教王護国寺）（南区）
高さが55メートルもある日本で最大の五重塔がシンボルの寺院。空海（弘法大師）ゆかりの寺で，国宝や重文など多くの仏像や書物があります。毎月21日に開かれる弘法市は「弘法さん」の呼び名で親しまれています。

清水寺（東山区）
「清水の舞台」で有名な本堂には，本尊の十一面千手観音像をまつっています。舞台の下方に音羽の滝，谷をへだてた所に源義経の母・常盤がお参りしたと伝わる子安の塔があります。京都で観光客が一番多い場所です。

42

延暦寺（大津市）

788（延暦7）年に，最澄によって開かれた一乗止観院がおこりです。京都府と滋賀県の両方にまたがり，比叡山には多くのお堂が立ち並んでいます。中心の根本中堂には，1200年間消えることなく法灯が燃え続けています。

醍醐寺（伏見区）

951年に建てられた五重塔は，今残っている建物の中では，京都府内で一番古い建物です。主坊の三宝院の中で，国宝の表書院は桃山時代を代表する書院造で，そのほか庭園や襖の絵も見ごたえがあります。

仁和寺（右京区）

888（仁和4）年に宇多天皇が建立し，出家して住まいとしたことから，御室御所と呼ばれました。御所の建物を移築した金堂など，建物には優雅な雰囲気が漂い，御室桜と呼ばれる桜の名勝地です。

平等院（宇治市）

1052年に藤原頼通が，宇治川のほとりにあった別荘を寺とし，翌年に鳳凰堂（阿弥陀堂）が完成しました。内部に定朝がつくった阿弥陀如来が置かれ，壁や扉に絵画が描かれています。→19ページ参照

宇治上神社（宇治市）

昔，応神天皇の離宮があったと伝えられ，隣の宇治神社が「離宮下社」，宇治上神社が「離宮上社」と呼ばれていました。本殿は平安時代につくられたもので，今残っている神社の建物としてはもっとも古いものです。

高山寺（右京区）

境内には，栄西（「ようさい」とも）が中国から持ち帰った茶を明恵が植えたという茶園があります。有名な『鳥獣人物戯画』をはじめ，たくさんの文化財が残されており，近くにある神護寺とともに紅葉の名所として多くの人が訪れます。

寺院・神社
世界文化遺産

苔寺（西芳寺）（西京区）

1339年，夢窓疎石が，荒れはてていた寺を再興しました。庭一面を苔がおおい，美しい景観をつくっています。苔がじゅうたんのように広がっているため，「苔寺」と呼ばれています。

天龍寺（右京区）

1339年に，足利尊氏が，後醍醐天皇のめいふくを祈るために建立しました。境内には美しい曹源池庭園が広がっています。寺をつくる費用を得るため，貿易船「天龍寺船」を使って，中国（元）と貿易をしました。

金閣寺（鹿苑寺）（北区）

足利義満が築いた山荘で，義満の死後に寺となりました。1層は寝殿造の法水院，2層は武家造の潮音洞，3層は唐様（中国風）の仏殿造の究竟頂の3層からなり，3層は外も内部も金箔で飾られています。

銀閣寺（慈照寺）（左京区）

足利義政が築いた山荘で，義政の死後に寺となりました。境内の東求堂同仁斎は付書院（つくり付けの机）と違い棚がある代表的な書院造で，四畳半茶室の原型といわれています。庭に白い砂を盛りあげた銀沙灘と円すい形の向月台があります。

龍安寺（右京区）

1450年に細川勝元が創建した寺院で，国の史跡および特別名勝に指定されている枯山水の石庭が有名です。水戸光圀が贈ったとされる「吾唯足知（われただたるをしる）」と彫った手水鉢があります。

西本願寺（浄土真宗本願寺派）（下京区）

親鸞の娘の覚信尼が，東山に開いた大谷廟堂が始まりです。各地を転々とした後，1591年，豊臣秀吉によって京都に移りました。大きな御影堂のほか桃山文化を代表する建物や庭園が多く残されています。

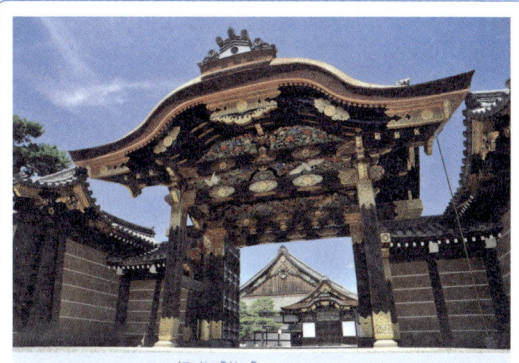

二条城（中京区）

御所の守護と将軍の宿泊所として，1603年に建造された城です。大広間や白書院など書院造を代表する建物で，狩野探幽らの大障壁画と二の丸庭園が有名です。当初は5層の天守閣がありましたが，落雷で焼けて，今は残っていません。

京都には，世界遺産に登録されている寺社以外にも，大徳寺（北区）や南禅寺（左京区），知恩院（東山区）など，国宝の建築物や特別名勝の庭園がある寺社がたくさんあります。
図書館やインターネットなどで調べてみたり，実際に訪ねてみるのもいいでしょう。

京都 話のポケット 「清水の舞台飛び厳禁」を通達

　ことわざに，思い切って重大なことをすることを「清水の舞台から飛び降りたつもり」といいます。「清水の舞台」とは，清水寺の本堂につくられた舞台のことです。舞台は高さ約13メートル，18本の欅の太い柱に桧の横木を組んだ懸造という構造で支えられています。昔は，この清水の舞台から本当に飛び降りた人がいたそうです。江戸時代に残る記録からだけでも200件以上ありました。ご利益抜群の観音様を信じて，「死んでも極楽に行ける」と思い切って飛び降りたのでしょう。明治の初め，京都府はとうとう「清水の舞台飛び厳禁」を決めました。みなさんも，景色に気をとられて欄干から身を乗り出したりしないように注意しましょう。

◆明治時代中ごろに写された清水寺の彩色写真。当時は，飛び降り防止のサクがありました。

（白幡洋三郎氏蔵）

寺院・神社 世界文化遺産

祭りと行事

京を彩る祭りと行事

◆祇園祭

鶏鉾が松原通を行くところで、民家すれすれに鉾が巡行し、屋根の一部を壊してしまうこともあったそうです。屋根の上から見物している人もいます。
（明治時代終わりころの彩色写真＝白幡洋三郎氏蔵）

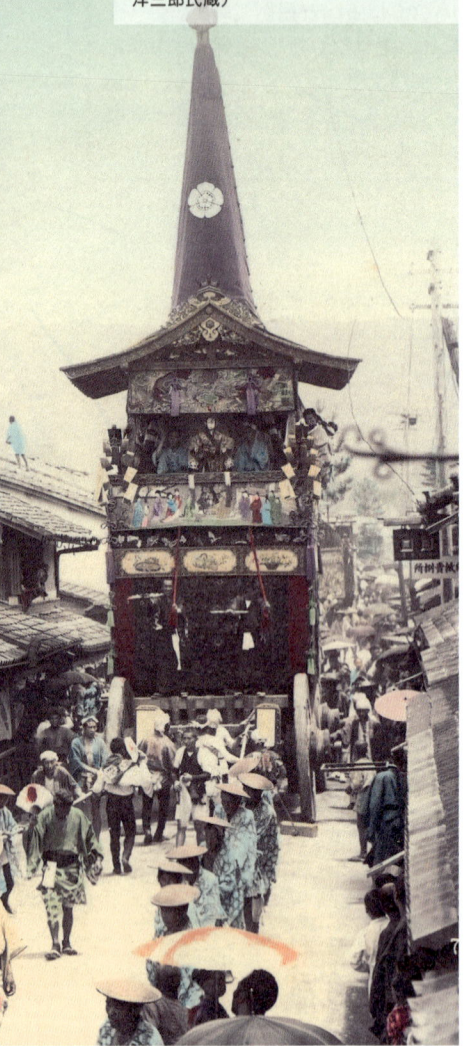

1 豪華けんらん京の三大祭

【祇園祭】

　日本三大祭の一つで、八坂神社の祭りです。7月14～16日、21～23日の宵山や、7月17日と24日の山鉾巡行が有名ですが、7月1日の吉符入りから1カ月間、四条大橋での「神輿洗」や八坂神社での「稚児社参」など、いろいろな行事や神事があり、それらをまとめて祇園祭といいます。八坂神社が伝えるところによると、平安時代の前期、都を中心に夏になると大流行し多くの死者を出した病気がなくなることを願って、また貞観地震などの自然災害が多発した当時の日本中の平安を願って、66本の長い鉾（矛）を立て、神泉苑まで神輿を繰り出したのが始まりとされています。これまで、京都を舞台にした戦乱や第2次世界大戦などで、祭りが行われない年もありましたが、祭りを支える町衆の熱い思いによって、現在まで続けられています。2009（平成21）年9月には、「京都祇園祭の山鉾行事」が国際連合教育科学文化機関（ユネスコ）の無形文化遺産に登録されました。

　「エンヤラヤー」のかけ声とともに始まる山鉾巡行は、神さまの乗った神輿が通る道を清めるために始められました。近年は前祭と後祭の山鉾巡行が合同で行われていましたが、2014（平成26）年からは本来の祭りの姿に戻り、前祭は17日に、後祭は24日に巡行されています。山鉾は2014（平成26）年に約

　前祭の山鉾巡行が終わった17日の夕方には、みこしが祇園地域や河原町通の氏子地区をねりながら四条新京極の御旅所に渡る神幸祭が行われます。祇園石段下に勢ぞろいした3基の神輿を、真っ白な法被姿のかつぎ手約1500人が、「ホイット、ホイット」の掛け声に合わせ、威勢よくかつぎます。ゆったりした、みやびやかな昼間の山鉾巡行とはまったく違うので、これが同じ祇園祭なのかと驚かされます。
　神輿は7日間、御旅所に安置され、後祭の山鉾巡行後、24日夜には八坂神社に戻る還幸祭が行われます。山鉾巡行とともに祇園祭の中心となる行事です。

150年ぶりに復活した大船鉾を加えて全部で33基あり，巡行の順番は，京都市長が見守るなか，くじで決まります。しかし，長刀鉾や南観音山など9基は「くじ取らず」といい，くじを取らない決まりがあります。四条河原町の交差点などで，山鉾が直角に曲がる「辻回し」は，迫力満点です。宵山や巡行の時に鳴り響く「コンチキチン」の音色の祇園囃子は，各山鉾や行きと帰りによっても少しずつ違います。

◆ 葵祭（明治時代の彩色写真＝国際日本文化研究センター蔵）
行列が葵橋を渡っているところです。手前の賀茂川の河原には，多くの見物客が見られます。

【葵祭】

5月15日に行われる上賀茂神社と下鴨神社の祭りです。総勢約500人の行列が京都御所から下鴨神社，上賀茂神社まで歩きます。平安時代の美しい衣装に彩られ，みやびやかな雰囲気を感じることができます。

昔々，平安京ができる前，風水害で作物ができなかったときに，鈴をつけた馬を走らせ，五穀豊穣（お米などが豊かに実ること）を祈ったのが始まりとされています。平安時代に書かれた『源氏物語』や『枕草子』などでも，「祭り」と言えば葵祭を指すほど，古くから京を代表する祭りでした。祭りにかかわる人や牛車などに葵の葉をつけたことから，江戸時代以降，「葵祭」と呼ばれるようになりました。

葵祭の巡行の当日までには，上賀茂神社・下鴨神社で数多くの神事が行われます。走る馬の上から矢を射る流鏑馬（3日），葵祭の主役・斎王代など行列に参加する女性が境内を流れる川で身を清める儀式（4日），馬が2頭ずつで速さを競う賀茂競馬（5日），八瀬の御蔭山から神霊を迎える御蔭祭（12日）などがあります。

祭りと行事 京の三大祭

「葵の森」復活を目指して子どもたちも協力！

上賀茂神社の境内には，かつてフタバ葵が自生していましたが，環境の変化で激減，現在では北山で採れたものを葵祭で使用しています。そこで，神社に「葵の森」を復活させる取り組みが始められ，地元や周辺の小学校の子どもたちも協力，学校で大きく育てたフタバ葵を境内に植えています。

47

◆ 時代祭

祭りの最初のほうに登場するのが、維新のとき、官軍（新政府軍）に参加した維新勤王隊列です。現在、時代祭には小・中学生が参加して祭りを盛りあげています。

【時代祭】

　桓武天皇が長岡京から都を移した10月22日に、平安京の誕生を祝う祭りとして行われています。1895（明治28）年に桓武天皇をまつるために平安神宮が建てられ、「平安奠都千百年紀念祭（平安京ができて1100年を祝う祭り）」が盛大に行われました。そのときの行事のひとつとして、平安時代から幕末維新までの時代を表す行列を行ったのが、時代祭の始まりです。

　平安神宮ができたときに、その維持・管理のために「平安講社」という、学区ごとの市民組織がつくられ、今もこの祭りを行う中心になっています。現在では、20列・約2000人・牛馬約70頭の行列となり、明治から順番に時代をさかのぼって、歴史上の人物が登場します。祭りに使われている道具や衣装など約1万2000点は、できるだけ正確に復元されていて、昔から受け継がれてきた京都の伝統工芸技術のすばらしさが見られるため、まさに時代絵巻というにふさわしいものです。

　みんなも知っている歴史上の人物が、行列の中にいるかもしれませんよ。

三大祭

祇園祭(ぎおんまつり)

◆ 長刀鉾(なぎなたぼこ)の稚児(ちご)がしめ縄(なわ)を切って巡行(じゅんこう)がスタート。

葵祭(あおいまつり)

◆ 祭りの主役(しゅやく)・斎王代(さいおうだい)がこし(およよ)に乗って京都御所を出発します。

時代祭(じだいまつり)

◆ 各時代の女性が登場するはなやかな女人行列(にょにんぎょうれつ)もある。

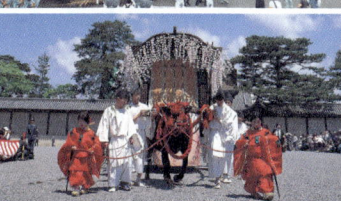

◆ 祇園祭(ぎおんまつり) コンコンチキチンコンチキチン…はやしの音にあわせて鉾(ほこ)が行(ゆ)く

◆ 葵祭(あおいまつり) 京都御所(きょうとごしょ)を出発する牛車(ぎっしゃ)

◆ 時代祭(じだいまつり) 織田信長公(おだのぶながこう)のお通〜り〜

2 地元に伝わる京の三大奇祭

京都の各地で、さまざまな祭りが行われていますが、その中でも一風変わった祭りがあります。それが、今宮神社などでの「やすらい祭」、太秦広隆寺の「牛祭」、由岐神社の「鞍馬の火祭」で、京の三大奇祭と呼ばれています。では、どんな祭りなのでしょう。

◆疫病の神を踊りで封じ込め〔やすらい祭〕

4月の第2日曜日（上賀茂やすらい花は5月15日）には、北区の今宮神社などで行われます。太鼓や鉦を打ち鳴らし、「はなや咲きたる、やすらい花や」、「やーすらい花やー、ヨーホイ」などとはやしながら、頭にかぶった長い毛を振り乱しながら踊ります。わきには、風流花傘という傘が立てられます。この中に入ると、1年間疫病にかからないといわれているので、見物の人々は交代で傘に入ります。昔、花が散るころ、悪霊や疫病も一緒に飛び散ると考えられていて、疫病の神を踊りのうずにまきこんで、今宮神社に封じ込めようとしたことが始まりといわれています。やすらい花の行事は京都市内に4つあります。調べてみましょう。

◆やすらい祭
小鬼、大鬼が鉦や太鼓を打ち鳴らし「やすらあい、ヨーホイ」とはやして頭をふり、飛びあがって踊ります。

◆風流花傘
花傘の中に入れば一年中病気をしないと信じられ、見物の人も入ります。

◆牛に乗って歩き回る摩多羅神〔太秦の牛祭〕

10月10日に太秦の広隆寺で行われますが、もとは広隆寺の東にある大酒神社の祭りだったようです。午後7時ごろ、白い紙の仮面をつけ、白い衣を着て牛に乗った摩多羅神が、赤鬼・青鬼の紙の面をつけた四天王を従えて、境内や周辺をめぐります。この祭りは、現在休止中です。

◆小さな松明をかついで元気に仲間入り

◆大きな松明が夜空に向かって炎を上げます。冬の到来をつげる鞍馬の伝統行事です。

◆掛け声とともに松明をかつぐ
〔鞍馬の火祭〕

　鞍馬寺の麓にある由岐神社の祭りで、10月22日の夜に行われます。午後6時、「神事にまいらっしゃれ」というふれ声によって始まります。子どもや若者が大小の松明をかつぎ、「サイレイヤ、サイリョウ（祭礼や祭礼）」という掛け声を繰り返しながら、町内を歩きます。午後9時を過ぎると、鞍馬寺山門の石段には、全部の松明が集まり、「サイレイヤ、サイリョウ」の掛け声が響き、最大の盛り上がりを迎えます。10時ごろ石段上のしめ縄が切られ、それを合図に2基の神輿がかつぎ出され、石段をかけ下りてきます。神輿は安産のご利益があるといわれ、女性も綱を引いて町内を歩きます。

祭りと行事　京の三大奇祭

鞍馬に住んでいる人たちの話

　鞍馬の人たちは役割を分担して、みんなで火祭の準備をしています。火祭で大切な松明づくりは、5〜6月ごろから始めます。松明にはツツジの柴が必要なのですが、最近はなかなか手に入りにくくなっていて、苦労しています。その柴を9月ごろまで乾かして、祭りの1カ月ぐらい前から松明をつくり始めます。

　祭りが近づくと、そうじをしたり、お客を迎える準備をしたりと本当に忙しくなります。でも、みんな、火祭を毎年楽しみにしているので、絶対無くしたくないと考えています。

◆出来あがった松明が飾られた各仲間の宿飾り。

3 夏の夜をこがす「五山送り火」

　毎年8月16日に行われる，お盆の行事です。午後8時になると，東山如意ヶ嶽の「大文字」から始まり，松ケ崎西山・東山の「妙・法」，西賀茂船山の「船形」，金閣寺近くの大文字山の「左大文字」，嵯峨鳥居本の曼荼羅山の「鳥居形」の順に点火されます。

　送り火には，「お盆に家へ帰ってきた先祖の霊が，あの世に帰っていくのを送る」という意味があります。

　まず，13日の夕方に「迎え火」をたきます。「迎え火」とは，先祖の霊を迎えるために，おがら（皮をはいだ麻の茎）などを燃やすことです。霊は，この火を頼ってわが家へ帰ってきます。14・15日，霊は家にいます。そして，16日の夜には，「送り火」で霊を送り出します。送り火に向かって手を合わせる人を時々みかけるのは，ご先祖さまに安らかに帰ってくださいと願って，拝んでいるのです。「送り火」とは，迎え火と同じところに火をたき，帰り道を照らすことです。「五山送り火」は，これを大がかりにしたものといえます。この送り火は，それぞれの地域の保存会によって維持され，伝統が守られています。京都の三大祭（葵祭・祇園祭・時代祭）に五山送り火を加えて，京都四大行事ともいいます。

京都話のポケット　送り火のルーツは戦国時代？

　京の夜空を赤々と染める五山の送り火。祇園祭とともに，古都の夏をいろどる風物詩でもあります。送り火そのものは民俗行事ですが，大文字をはじめとする，これほどスケールの大きな送り火が，いったいいつから始まったのかは，はっきりとしていません。昔から残されているものから調べると，その起源は，戦国時代の京の町々で，お盆に競い合ってつくられた大灯籠ではないかとみられています。時の権力者ではなく，庶民の信仰から始まったことだけは確かなようです。また，かつては，五山のほかにも「い」(市原野)，「一」(鳴滝)，「竹の先に鈴」(西山)，「蛇」(北嵯峨)，「長刀」(観音寺村) などの字や形があったともいわれています。

大文字(だいもんじ)

- ◆ 火床数(ひどこすう)　75基(き)
- ◆ 点火時刻(てんかじこく)　午後8時

「大」の字の中心の大きく燃えている所を,金尾(かなわ)と呼びます。

船形(ふながた)

- ◆火床数　79基
- ◆点火時刻　午後8時10分

ふもとの山がみえるところで鳴らす鉦(かね)を合図(あいず)に,点火(てんか)されます。送り火が終わると,西方寺六斎念仏(さいほうじろくさいねんぶつ)が行われます。

左大文字(ひだりだいもんじ)

- ◆火床数　53基
- ◆点火時刻　午後8時15分

栗石(くりいし)をコンクリートで斜面(しゃめん)に固(かた)めて,火床(ひどこ)をつくっています。

妙法(みょうほう)

- ◆火床数　103基(妙)
  　　　　　63基(法)
- ◆点火時刻　午後8時5分

ふもとからの合図で,二つの山に同時に点火(てんか)されます。

鳥居形(とりいがた)

- ◆火床数　108基
- ◆点火時刻　午後8時20分

鳥居形(とりいがた)送り火は,ほかと違(ちが)って各火床(かくひどこ)に点火(てんか)資材(しざい)を置(お)かず,親火(おやび)から火を移(うつ)した松明(たいまつ)をもって一斉(いっせい)に走り,各火床(かくひどこ)に突(つ)き立てます。

53

◆おくどさん
昔はどの家にも「おくどさん」(かまど)があり，毎日のごはんや，お雑煮を炊きました。

◆おけらまいり
大晦日の夜から元旦にかけて八坂神社にお参りして「おけら火」を授かり，新しい年の無病息災を祈願します。

◆縄の先に火をつけて，くるくる回しながら火が消えないようにして家まで持って帰ります。最近は安全のため回さなくても消えない工夫がされています。

4 健康を願う「おけらまいり」

　八坂神社は，「祇園さん」と人々から呼ばれ親しまれています。四条通の東のつき当たりにある朱色の門が，神社の入り口です。

　「おけらまいり」とは，その「祇園さん」に12月31日（大晦日）から1月1日（元旦）にかけてお参りすることです。大晦日の夜，「祇園さん」に向かう四条通は，「おけらまいり」に行くたくさんの人たちでにぎわいます。神社に入ると，境内には「おけら火」というかがり火がたかれています。

　「おけら」は，「白朮」と書きます。「おけら」とは植物の一種で，薬草として健康に良いとされています。その「おけら」をまぜて灯籠で火をたくので，「白朮火」といいます。人々は，その火を吉兆縄という竹の繊維で編んだ縄の先につけて，種火が消えないようにくるくると回しながら家まで持って帰ります。その火を「おくどさん」（かまど）の種火にして，お正月にお雑煮を炊いて食べると，1年間無病息災（病気をしないで無事でいられる）で暮らせるといわれています。最近では，「おくどさん」がないので，ガスコンロをつけるときに，「おけら火」で火をつけるところが多いようです。「おけら火」を使って「おくどさん」で炊いたお雑煮は，きっとおいしかったでしょうね。

　大晦日から元旦にかけて，1年間無事に過ごせたことへの感謝と，新しい年が良い年になりますようにという願いをこめて，たくさんの人々が京都を訪れ，神社や寺院にお参りします。八坂神社の「おけらまいり」のほかに，どこの神社やお寺で，どんな年越しの行事があるか調べてみてもいいでしょう。昔の人々の願いが，もっとよくわかるかもしれません。

◆数珠回し
輪になって座った子どもたちがお坊さんの「お経」や「お念仏」に合わせて、長い数珠を回していきます。大粒の珠が回ってくると、持ち上げて「なんまいだぶ」と頭を下げたり、ひたいにあてます。

（→111ページ参照）
京都をつなぐ無形文化遺産

5 夏の楽しい思い出「地蔵盆」

　京都市内には、通りのあちこちに町内のお地蔵さんがまつられています。お地蔵さんは子どもたちを守ってくれるとされ、子どもたちの日常の安全や成長を見守ってくれています。そのお地蔵さんをお祭りする地蔵盆は、8月下旬に行われる伝統的な地域行事ですが、特に関西で盛んです。京都では、夏の終わりを告げる風物詩ともなっています。

　地蔵盆は、地蔵菩薩の縁日である8月24日やその前夜にあたる23日に行われる会式を指します。昔は、今のように地蔵盆とはいわずに、地蔵会、地蔵祭と呼ばれていました。最近は8月後半の土曜・日曜日に「地蔵盆」が行われることが多いようです。

　8月に入ると地蔵盆に向けて、町内の人々は準備をします。自分たちの町内のお地蔵さんを洗い清めたり、お地蔵さんに新しい色とりどりの前だれを着せ、顔や首に化粧などをしてきれいに飾り付けたりするところもあります。

　地蔵盆では、ところによってはお坊さんが来てお経をとなえ、集まった子どもたちにお地蔵さんにまつわる話をします。そして、子どもたちが

◆楽しそうにおやつを受け取る子どもたち。

祭りと行事　おけらまいり・地蔵盆

直径2～3㍍もある大きな数珠を囲んで輪になって座り，お坊さんのお経やお念仏に合わせて，数珠を回す「数珠回し」が行われます。このあとは，おやつが出たり，ジュースが配られたり，おもちゃが当たる福引があったり…と，この日ばかりは，子どもたちが主役です。
　このように，地蔵盆は人々の暮らしに根付き，子どもも大人も楽しみにしています。
　地蔵盆の期間は，町内に地蔵盆特有の提灯が飾られています。その提灯をよく見てみると，きれいな色をして，人の名前が書かれていることがわかります。これは，子どもが生まれたときにその名前を提灯に書き，奉納したものです。このような風習が京都の各町内に残っています。
　提灯の色は，おおむね男の子は白，女の子は赤が多く，子どもが地蔵盆に参加している間は毎年飾られます。この提灯を見て，大人たちは子どもたちのすこやかな成長を願います。

◆ふごおろし
下で待っている人は何が当たったのか楽しみです。

◆地蔵盆以外にも，夏には祭りが各地域で行われています。みんなもあちこちにでかけて祭りに参加しよう。

「ふごおろし」にみんな大騒ぎ

　かつて各町内の地蔵盆では，よく「ふごおろし」の光景が見られました。「ふご」は竹やわらで編んだかごのことで，これにいろいろな景品を入れて，家（たいていは町内の役員宅）の2階からロープでかごを下ろし，下で待つ子どもたちに景品を届けるというものです。おじいさんやおばあさんには，「子どものころ，このふごおろしが一番の楽しみだった」という人たちも多いのですが，今はあまり見かけません。

◆江戸時代の鴨川の納涼床を楽しむ人たちの様子が描かれている屏風です。今の四条大橋付近の様子で、右上は北座、右下が南座です。舞台を見物する人の姿が見られます。（半兵衛麩蔵）

6 暑い夏を涼しく　納涼床・川床

　京都の夏の風物詩に、鴨川の納涼床や貴船の川床があります。最近のように、クーラーや扇風機がない時代の人々にとって、水辺は涼むのに最適な場所でした。

◆今では気軽に「鴨川の納涼床」

　豊臣秀吉の時代、商人が鴨川の浅瀬や中洲に、床几（腰掛け）を用意して客をもてなしたことが、納涼床の始まりとされています。江戸時代になって鴨川に堤防ができると、茶店やところてん売りなどが現れ、大にぎわいだったようです。その後、さらに河川の改修が進み、今のような高床式の納涼床が始められました。鴨川は、都市の中心部を流れる河川としては、鮎が生息する数少ない川として知られています。鴨川の流れに立つ釣り人の姿を眺めながら、納涼床で食事ができるのは、京都ならではの風情です。現在は、さまざまな店が床を出すようになり、気軽に納涼床を楽しむ若者の姿も増えてきました。

　納涼床は、むし暑い京都の夏を楽しんで過ごそうという人々の知恵が生み出しました。現在は、5月1日～9月30日の期間、二条大橋から五条大橋まで連なる納涼床のにぎわいを見ることができます。

◆夏の風物詩・納涼床のにぎわい

祭りと行事　納涼床

◆清流の冷気を肌で感じながら川床料理を楽しむグループ
（貴船）

◆ 冷気と川音の「貴船の川床」

貴船の川床も有名で,「京の奥座敷」として親しまれています。

その歴史は大正時代ごろ,京都と丹波を行き来する人や,貴船神社への参拝客たちを,川に床几を置いて,お茶や食べ物などを出してもてなしたことが始まりといわれています。戦後になって今のような川床になり,料理旅館が増え始めました。貴船川の川面いっぱいに低く床を張ります。伸ばせば足が浸かるほど水面に近いため,清流の冷気と近くに聞こえる滝の音を楽しみながら料理を味わうことができます。ところが,ひとたび大雨が降ると急いで床を片づけなくてはなりませんので,店の人たちは大変です。

5月から9月末まで設けられ,真夏は市内より5度以上気温が低い川床で楽しむ食事は,川の幸と山の幸を中心にした料理です。自然豊かな貴船では,夏の流しそうめん,秋のマツタケ料理,冬のぼたん鍋など四季折々の味わいも楽しめます。

また,高雄の川床では,清滝川に蛍が飛び交う様子を鑑賞しながら食事を楽しむことができます。

京都 話のポケット　清少納言と和泉式部も詣でた

平安時代,『枕草子』の作者として有名な清少納言は,鞍馬寺（左京区）に詣でた時,ジグザグの曲がりくねった登り道について「近くて遠きは鞍馬のつづら折れ」と弱音をはいています。鞍馬山は標高570メートル。けっこう疲れます。『和泉式部日記』の作者・和泉式部は,鞍馬の貴船神社にも参っています。有名な「もの思えば沢の蛍もわが身より　あくがれいづる魂かとぞ見る」の一首を詠みました。貴船神社に行く途中に和泉式部ゆかりの「蛍石」があります。

資料 京の祭りと年中行事

◆ 1年間の主な京の祭りと年中行事をあげました。

1月

元旦～	初もうで	新年はじめて神社やお寺にお参りする。
1～3日	皇服茶〈六波羅蜜寺〉	空也のいわれにならって，うめぼしと結び昆布を入れた茶を飲む。
2日	釿始め〈千本釈迦堂〉	平安時代から伝わるといわれる行事で，建築関係者が1年の無事を願う。
4日	蹴鞠はじめ〈下鴨神社〉	貴族の優美な遊びを伝える行事で，「アリャー」「ヨウ」「オウ」のかけ声とともに鹿革製の鞠を蹴る。
8～12日	十日ゑびす〈恵美須神社〉	「商売繁盛，笹もってこい」とはやして福笹を授ける。商売をする人たちがつめかける。
9～16日	報恩講〈西本願寺〉	親鸞をしのんで営まれる法要。
成人の日（第2月曜日）	とんど〈新熊野神社ほか〉	正月飾りのしめ縄やかどまつを燃やす。左義長とも呼ばれる。
14日	日野裸踊〈法界寺〉	「ちょうらい，ちょうらい」とかけ声を発して，裸の男たちが激しく踊り，豊作と健康を願う。
15日に近い日曜日	通し矢〈三十三間堂〉	約60メートル先の的をめがけて矢を射る引き初め。わざわいをはらう行事。
21日	初弘法〈東寺〉	弘法大師の命日にあたる21日に毎月行われる縁日のうち，1月は初弘法，12月は終い弘法と呼んで，多くの出店が立ち並ぶ。
25日	初天神〈北野天満宮〉	菅原道真の誕生日と亡くなった25日にちなんで毎月行われる縁日のうち，1月は初天神，12月は終い天神と呼んで，多くの出店が立ち並ぶ。
28日	初不動〈狸谷山不動院〉	大ごまをたいて，災難除けを願う。

◆ 日野裸踊（法界寺）
◆ 蹴鞠はじめ（下鴨神社）
◆ 通し矢（三十三間堂）

2月

2～4日	節分祭〈市内各寺社〉	＊廬山寺（鬼の法楽）＝赤鬼・青鬼・黒鬼に豆を投げて退散させるユーモラスな節分行事。 ＊壬生寺＝素焼きの炮烙（素焼きの平たいなべ）を奉納して災難除けを願う。鬼払い狂言「節分」の上演も行われる。
初午の日	初午大祭〈伏見稲荷大社〉	家内安全・商売繁盛を祈ってお参りする。この日にいなり寿司を食べる風習がある。

◆ 節分祭（吉田神社）

23日	五大力尊仁王会〈醍醐寺〉	男女に分かれて大きな餅を持ち上げ，力くらべ大会が行われる。
24日	幸在祭〈大田神社・上賀茂神社〉	15歳になった男子の大人の仲間入りを祝う行事。サンヤレは「幸あれ」がなまったものとされる。
25日	梅花祭〈北野天満宮〉	梅を好んだ菅原道真をしのんで，梅の花を供える行事。上七軒の芸舞妓さんによる野点茶会が行われる。

3月

2日	関白頼通忌〈平等院鳳凰堂〉	藤原頼通の命日をしのんで行われる法要。
13日	十三詣り〈法輪寺（西京区）〉	かぞえ13歳の子どもがお参りし，知恵を授かる行事。
14～16日	涅槃会〈泉涌寺・東福寺・真如堂ほか〉	釈迦の命日にちなんだ法要。泉涌寺では花御供（鼻くそ）と呼ばれるあられ餅を授ける。
15日	嵯峨お松明・嵯峨大念仏狂言〈清凉寺〉	涅槃会の法要にあわせて，日中は狂言堂で無言劇の大念仏狂言があり，夜には境内に立てられた8メートルの柱松明3基を燃やす。
最終日曜日	はねず踊り〈隨心院〉	小野小町と深草少将の「百夜通い」にちなんで少女が歌い踊る華やかな行事。→85ページ参照

◆ はねず踊り（隨心院）

4月

1日～30日	都をどり〈祇園甲部歌舞練場〉	→106ページ参照
8日	花まつり〈壬生寺・西本願寺・真如堂ほか〉	釈迦の誕生日に行われる行事。釈迦像に甘茶をかけてお参りする。
10日	桜花祭〈平野神社〉	花山天皇が桜の木をお手植えされたいわれにちなむ祭り。夜桜見物の花見客でにぎわう。
第2日曜日	やすらい祭〈今宮神社・川上大神宮・玄武神社〉	→50ページ参照
第2日曜日	豊太閤花見行列〈醍醐寺〉	豊臣秀吉の「醍醐の花見」を再現した祭り。桜が彩る境内をはなやかな花見行列がねり歩く。→28ページ参照
第2日曜日	吉野太夫花供養〈常照寺〉	江戸時代の吉野太夫をしのんで，太夫道中が行われる。
20日以降最初の日曜日	神幸祭〈松尾大社〉	「西の葵祭」とも呼ばれる。神輿を船に乗せ，桂川を渡る船渡御が見もの。
29日～5月5日	壬生大念仏狂言〈壬生寺〉	「カンデンデン」と呼ばれる狂言が催される。節分に奉納された炮烙を舞台から落としてわざわいを払う。（秋も開催）→111ページ参照
29日	曲水の宴〈城南宮〉	川を流れるさかずきが来るまでに歌をよむ平安貴族の優雅な遊びを再現。（11月3日にも開催）

◆ 桜花祭（平野神社）

◆ 曲水の宴（城南宮）

5月

1～4日	千本ゑんま堂大念仏狂言〈千本ゑんま堂（引接寺）〉他の大念仏狂言と違いセリフ入りの狂言で知られる。京の三大念仏狂言のひとつ。	
3日	流鏑馬神事〈下鴨神社〉葵祭に先立って行われる清めの行事。走る馬から矢を放ち、的を射る勇ましい行事。	
1～5日	藤森祭〈藤森神社〉「深草祭」とも呼ばれ、武者行列と馬の曲のりが披露される。	
5日	賀茂競馬〈上賀茂神社〉農作物の豊作を願って競馬の奉納などをする。	
13日	いちひめ祭〈市比売神社〉祭りで射る矢が的中した家は一年間ご利益が授かるといわれる。前後に奉祝祭がある。	
1～15日	葵祭〈京都御所・下鴨神社・上賀茂神社〉→47ページ参照	
15日	やすらい祭〈太田神社〉→50ページ参照	
1, 18日	御霊祭〈上御霊神社〉神輿行列は牛車、騎馬、剣鉾、神輿などが巡行する。	
第3または第4曜日	御霊祭〈下御霊神社〉神輿行列は鳳輦、剣鉾、幸鉾、神輿などが巡行する。	
第3日曜日	三船祭〈車折神社・大堰川〉白河天皇が漢詩・和歌・管弦の三船で舟遊びをしたことにちなむ行事で、船上で舞や歌を演じる。	

◆ 御霊祭（上御霊神社）

◆ 三船祭（大堰川）

◆ 流鏑馬神事（下鴨神社）

6月

1・2日	京都薪能〈平安神宮〉→105ページ参照
10日	田植祭〈伏見稲荷大社〉あかねだすきにすげがさ（スゲの葉であんだかさ）をかぶった女性が、稲の苗を植える華やかな祭り。
20日	竹伐り会式〈鞍馬寺〉2組に分かれた法師が、大蛇に見たてた大きな竹を切って早さを競い、豊作を占う行事。
30日	夏越祓〈上賀茂神社ほか市内各神社〉茅の輪をくぐって、半年間の罪やけがれをはらう行事。

◆ 田植祭（伏見稲荷大社）

祭りと行事
京の祭りと年中行事

7月

1〜31日	祇園祭〈八坂神社・各山鉾町〉吉符入り（1日など）／前祭山鉾建て（10〜14日）／神輿洗い（10日）／前祭宵山（14〜16日）／前祭山鉾巡行・神幸祭（17日）／後祭山鉾建て（18〜21日）／後祭宵山（21〜23日）／後祭山鉾巡行・花傘巡行・還幸祭（24日）／疫神社夏越祭（31日）→46ページ参照
7日	七夕祭〈白峯神宮ほか〉天の川をはさんで，けん牛星と織女星が1年に一度会うという言い伝えにちなんだ行事。
土用の丑の日の前後5日間	御手洗祭〈下鴨神社〉御手洗池に足をつけて無病息災を願う。「足つけ神事」ともいう。
土用の丑の日と前日	きゅうり封じ〈五智山蓮華寺・神光院〉空海が病をキュウリに封じこめたという伝説にちなんだ行事。
25日	鹿ケ谷カボチャ供養〈安楽寺〉中風除けの行事で，鹿ケ谷かぼちゃを食べて願う。
31日〜8月1日	千日詣り〈愛宕神社〉この日にお参りすると千日分のご利益があるといわれ，「火迺要慎」のお札を授かるために，山頂の神社にお参りする。

◆祇園祭山鉾巡行

8月

7〜10日	六道まいり〈六道珍皇寺〉冥土の入り口とされる六道珍皇寺で「迎え鐘」をついて，先祖の霊をお迎えするお盆の行事。千本ゑんま堂でも8〜16日に行われる。
15日〜16日	松ケ崎題目踊〈涌泉寺〉「なむみょうほうれんげきょう」を唱え，扇を手に持ち，輪になって踊る。
16日	五山送り火〈如意ヶ嶽ほか〉→52・53ページ参照
16日	嵐山灯籠流し〈嵐山渡月橋〉先祖の霊を見送るために，灯籠を川に流して供養する行事。
16，25日など	六斎念仏〈壬生寺・吉祥院天満宮ほか〉鉦や太鼓，笛の囃子で，念仏をとなえながら踊るもので，市内各地の保存会が守り伝えている。
23，24日	千灯供養〈化野念仏寺〉8000体にのぼる石仏にロウソクを灯して供養する幻想的な行事。
23日頃	地蔵盆 →55・56ページ参照
15日	松上げ〈花背〉
23日	松上げ〈久多〉
23日に近い土曜日	上げ松〈小塩〉
24日	松上げ〈広河原・雲ケ畑〉広河原では，高さ20メートルの木の先のかごをめがけて縄についた松明を投げ，火の用心と豊作を願う。雲ケ畑では，約4メートル四方の櫓を組み，松明を文字の形に取付け，火の用心と豊作を願う。

◆嵐山灯籠流し（嵐山・渡月橋）

◆松上げ（花背）

◆千灯供養（化野念仏寺）

24日	久多の花笠踊〈志古淵神社〉花笠と呼ばれる風流灯籠を持って，歌と太鼓に合わせて踊る。

9月

第1日曜日	八朔祭〈松尾大社ほか〉稲穂が実る前に行われる豊作を願う祭り。
9日	烏相撲〈上賀茂神社〉→42ページ参照
15日	石清水祭〈石清水八幡宮〉賀茂祭（葵祭）と奈良の春日祭とともに三勅祭のひとつに数えられる古くから伝わる祭り。
中秋の日	名月管弦祭〈下鴨神社〉平安時代の衣装をつけて，舞や演奏を行う雅びなお月見。
中秋の日	大覚寺観月の夕べ〈大覚寺〉大沢池に竜の頭をつけた船を浮かべ，月見を楽しむ平安貴族の優雅な遊びを再現した催し。
第3または第4日曜日前後	萩まつり〈梨木神社〉はぎの名所で俳句や狂言，琴などを楽しむ催し。

◆萩まつり（梨木神社）

10月

1〜5日	瑞饋祭〈北野天満宮〉野菜で神輿をつくり，農作物の豊作を感謝する。神輿の屋根はサトイモの茎（ずいき）でつくられている。
上旬から中旬ごろ	御香宮神幸祭〈御香宮神社〉かつては「伏見祭」と呼ばれ，華やかな風流傘で町内をねり歩く。
体育の日と前日・15日	粟田神社大祭〈粟田神社〉神輿と剣鉾が町内を巡行。
体育の日の前日の日曜日	八瀬赦免地踊〈秋元神社〉女装した少年が，切子灯籠を頭上にのせてねり歩く。花笠をかぶった少女10人がかわいい踊りを披露する。
第3日曜日	二十五菩薩お練供養〈即成院〉二十五菩薩が，阿弥陀のいる浄土に人々を導く様子を，仮装と音楽で表した行事。
22日	時代祭〈京都御所　平安神宮〉→48ページ参照 鞍馬の火祭〈由岐神社〉→51ページ参照

◆瑞饋祭（北野天満宮）

11月

1日	亥子祭〈護王神社〉平安時代の年中行事を再現した餅つきの儀式で，餅を食べて健康を願う。
上旬ごろ	神泉苑大念仏狂言〈神泉苑〉
5〜15日	お十夜〈真如堂〉十日十夜の間，連日念仏を唱え，極楽浄土を願う法要。
第2日曜日	嵐山もみじ祭〈嵐山・大堰川一帯〉大堰川に舟を浮かべ，琴や尺八を演奏したり，大念仏狂言などを演じる観光行事。
21〜28日	報恩講〈東本願寺〉親鸞をしのんで営まれる法要。最終日は体をゆらして念仏を唱える坂東曲が行われる。

◆嵐山もみじ祭（嵐山・大堰川）

祭りと行事
京の祭りと年中行事

23日	塩窯清祭〈十輪寺〉	在原業平の昔のいわれにちなんだ行事で，塩がまをたいて当時をしのぶ。
23日	筆供養〈正覚庵〉	使い古した筆やペン，鉛筆に感謝し，火に入れて燃やして供養する。
26日	御茶壺奉献祭〈北野天満宮〉	豊臣秀吉の「北野大茶湯」にちなんで，新茶をいれた茶つぼを奉納する行事。→28ページ参照

12月

8日	針供養〈針神社（左京区）・法輪寺（西京区）ほか〉	使い古した針を供養する行事。法輪寺では2月8日も開催され，大コンニャクに五色の大針を刺して，さいほうの上達を願う。
7〜10日ほか	大根焚き〈千本釈迦堂ほか〉	大がまでたいたダイコンを食べると，中風除けになるとされる冬の行事。
	鳴滝の大根焚き〈了徳寺〉	
13〜31日	空也踊躍念仏（かくれ念仏）〈六波羅蜜寺〉	→111ページ参照
14日	山科義士まつり〈大石神社ほか〉	赤穂浪士47人の討ち入りを再現して行列する行事。
21日	終い弘法〈東寺〉	弘法大師の命日にあたる21日に毎月行われる縁日のうち，12月は終い弘法と呼ばれ，正月準備をする大勢の参拝客でにぎわう。1月は初弘法。
25日	終い天神〈北野天満宮〉	菅原道真の誕生日と亡くなった25日にちなんで毎月行われる縁日のうち，1月は初天神，12月は終い天神と呼んで，多くの出店が立ち並ぶ。
31日	おけらまいり〈八坂神社〉	→54ページ参照
31日	除夜の鐘〈知恩院ほか各寺院〉	大晦日の夜，過去・現在・未来の百八つのぼんのうを消すために鐘をつく行事。

◆ 山科義士まつり

◆ 終い弘法（東寺）

◆ 除夜の鐘（知恩院）

> このほかにも各地域でさまざまな祭りや行事があります。調べてみましょう。

※ 日時はその年によって異なる場合があります。

世界文化自由都市宣言

　都市は，理想を必要とする。その理想が世界の現状の正しい認識と自己の伝統の深い省察の上に立ち，市民がその実現に努力するならば，その都市は世界史に大きな役割を果たすであろう。われわれは，ここにわが京都を世界文化自由都市と宣言する。

　世界文化自由都市とは，全世界のひとびとが，人種，宗教，社会体制の相違を超えて，平和のうちに，ここに自由につどい，自由な文化交流を行う都市をいうのである。

　京都は，古い文化遺産と美しい自然景観を保持してきた千年の都であるが，今日においては，ただ過去の栄光のみを誇り，孤立して生きるべきではない。広く世界と文化的に交わることによって，優れた文化を創造し続ける永久に新しい文化都市でなければならない。われわれは，京都を世界文化交流の中心にすえるべきである。

　もとより，理想の宣言はやさしく，その実行はむずかしい。われわれ市民は，ここに高い理想に向かって進み出ることを静かに決意して，これを誓うものである。

昭和53年10月15日　京都市

四条通（四条河原町から西を望む）

2007年

2015年

提供：京都新聞社

◆屋外広告物がなくなったことで，すっきりとした景観になっています。

歴史都市・京都の優れた景観を守り育て，未来の世代に引き継ぎ，50年後，100年後も光り輝く京都であり続けるため，「新景観政策」が始まりました。

　京都市では，「新景観政策」を2007（平成19）年9月1日から実施しました。これまでから実施されてきたさまざまな規制等を見直し，建物の高さやデザイン，屋外広告物に関する新たな規制と，優れた眺めや日本の文化としての借景（敷地の外の風景を眺めの一部として取り入れること）を守り，未来の世代に引き継ぐための政策が総合的に整備されました。

町並みと道

京の町を歩こう

1. 京の魅力, 伝統的な町並み～市民のみんなで進める景観づくり～

　京都を訪れる観光客が魅力的に感じるのは, 寺や神社だけではありません。自然と一体になった伝統的な町並みと, そこに伝わる文化そのものが, 独特の町の雰囲気をつくり出し, 京都の魅力のひとつになっています。京都市では, 早くからそうした町並みの保全に取り組んできました。大きな寺や神社と, その周辺や特色のある地域など, 歴史的な建物が立ち並ぶ地域が, 保存地区に指定されています。そうした地域では, 景観をこわさないために, 建物の高さやデザインに制限を設けたり, 伝統的な町並みを残すための費用を補助したりするなど, 積極的な保全活動が行われています。

　しかし, 京都の街全体では, 京町家などの伝統的な建物が減り, 周囲の町並みに合わない高さやデザインの建物が増えてきたため, 2007年から「新景観政策」が始まりました。

　これからの京都の景観を魅力的なものにしていくためには, 古い建物を保存するだけでなく, 新しく建てられる建物が伝統的な町並みと調和していくことも重要です。

　皆さんも町並みを歩いて, その特色や歴史を調べ, みんなで景観について考えましょう。

産寧坂界わい（東山区）

（産寧坂伝統的建造物群保存地区）
清水寺や高台寺, 八坂神社などをめぐる道沿いの町並みです。石段や石畳の道に伝統的な建物の店が並び, 多くの観光客でにぎわいます。産寧坂は三年坂とも呼ばれています。

石塀小路

石畳の細い通りの両側に石垣が連なり, まるで石塀の間を歩いているような感じがします。

祇園新橋（東山区）

（祇園新橋伝統的建造物群保存地区）
江戸時代から, 茶屋街として発展した町並みです。石畳の通り沿いに建つ風情のある古い建物と, 清らかな白川の流れが京都らしい風景を伝えています。

重要伝統的建造物群保存地区
城下町, 門前町, 宿場町など, 全国各地に残っている歴史的な集落や町並みの中でも, 特に価値が高く, 国によって選ばれた地区です。全国で126地区（令和3年8月2日現在）, うち京都市では4地区が選ばれています。（巻頭地図参照）

三条通（中京区）

京都と江戸を結ぶ東海道の起点だった三条大橋につながる通りです。明治・大正のころは京都の近代化の中心として発展しました。近年、町並みが整備され、若者に人気の通りに生まれ変わりました。

三条通の洋風建築

三条通を歩くと、京都文化博物館（旧日本銀行京都支店）、中京郵便局（旧京都郵便電信局）など、大きな赤レンガの建物があります。これは、明治・大正のころ、西洋文化を取り入れた京都の歴史を伝えています。

錦小路（中京区）

古くからにぎわってきた通りで、今も130軒以上の店が並んでいます。魚や野菜、おばんざいなど食材をあつかう店が多く、「京の台所」として知られています。

上賀茂神社界わい（北区）
（上賀茂伝統的建造物群保存地区）

上賀茂神社門前の明神川沿いに室町時代から発展してきた町並みです。神官の屋敷である社家が立ち並び、土塀をめぐらせた独特の景観が見られます。

嵯峨鳥居本（右京区）
（嵯峨鳥居本伝統的建造物群保存地区）

愛宕神社の参道に沿って、江戸時代末期から明治・大正時代の建物が立ち並んでいます。嵯峨野の美しい自然に囲まれて、町家やかやぶきの民家が見られます。

嵯峨鳥居本町並み保存館

明治時代に建てられた民家を利用した保存館で、この地域の伝統的な暮らしがわかります。

町並みと道 ― 伝統的な町並み

先斗町(中京区)

　江戸時代に、鴨川に沿ってつくられた町です。石畳の細い路地に伝統的な建物の店が連なり、京都らしい風景として人気があります。ポルトガル語のポント(岬、突端)が名前の由来といわれています。

西陣(上京区)

　応仁の乱で西軍の山名宗全が陣を置いたことから、「西陣」と呼ばれるようになりました。織物の町として発展し、西陣織の産地として有名です。町家が立ち並ぶ昔ながらの町並みがたくさん残っています。

西陣織会館

　西陣織の歴史や文化が学べます。西陣織の体験や「きものショー」も楽しめ、修学旅行生にも人気のスポットです。

北野上七軒(上京区)

　学問の神様として有名な北野天満宮の近くにあります。安土桃山時代から江戸時代にかけて、京都の芸能の中心地として栄えました。古い町並みが続くあたりは、今も観光客でにぎわっています。

樫原(西京区)

　中国地方の日本海側と京都を結ぶ山陰街道の宿場町として栄えました。今も古い民家が残っていて、当時のにぎわいを伝えています。江戸時代の大名が宿泊した本陣と呼ばれるりっぱな民家も見られます。

伏見南浜界わい（伏見区）

伏見は豊臣秀吉によって整備され、江戸時代には京都と大阪を結ぶ港として栄えました。今では、全国でも有名なお酒の生産地として発展し、酒蔵が並ぶ町並みは伏見を代表する景観となっています。

十石舟・三十石船

江戸時代の京都と大阪を結ぶ交通手段は、淀川を往来する船が中心でした。今は、十石舟や三十石船などの当時の船が再現され、伏見を流れる運河から歴史を感じさせる風景が楽しめます。

美しい町並みを歩いて、その特色や歴史を調べ、みんなで景観について考えましょう。

京都 話のポケット ──「寺田屋事件」は2度あった

伏見区南浜町にある寺田屋は、幕末に2度もすさまじい事件の舞台となりました。

1度目は、1862年4月に起きた薩摩藩士同士の寺田屋騒動。幕府を倒そうとする尊王攘夷派の藩士たちが寺田屋に集結中、朝廷と幕府の協力を説く藩主側の藩士たちと乱闘になりました。6人が死亡、2人が翌日切腹を命じられました。

2度目は、1866年正月の坂本竜馬暗殺未遂事件。薩摩藩と長州藩が手を結ぶ薩長同盟にこぎつけた竜馬が、ここで幕府の役人に襲撃されましたが、後に妻となるお竜の機転で脱出できました。寺田屋には、当時の女将おとせの手紙などが残っています。

◆寺田屋　幕末維新のころのエピソードがたくさん残っています。

町並みと道
伝統的な町並み

2. 歴史に彩られた「道」と「町」

2-1 歩いてみよう！ 京の散歩道

◆京情緒が満点の「哲学の道」

「哲学の道」は，東山山麓にある熊野若王子神社の前にかかる若王子橋から銀閣寺橋までの約1.5キロメートルの小道のことで，「日本の道百選」にも選ばれています。道に沿って，琵琶湖疏水分線がゆるやかに流れています。春は，道沿いに約500本の桜が咲き，5月下旬～6月中旬にかけては，ゲンジボタルが飛び交います。

どうして「哲学の道」というのでしょうか。京都大学の有名な哲学者の西田幾多郎が，この道を好んで散策し，思索（深く考えること）にふけることを日課にしていました。このことから，「思索の小径」と呼ばれていたのが，「哲学の道」と呼ばれるようになったようです。道の途中には，西田の言葉を刻んだ碑も立っています。

◆満開の桜に彩られた哲学の道

京都話のポケット　北へ流れる「哲学の道」の疏水

京都は，北から南に向かって低くなっています。東寺の五重塔（約55メートル）のてっぺんと，北大路通（建勲神社付近）の高さがほぼ同じです。鴨川や桂川は南に向かって流れていますが，哲学の道沿いの疏水は，なぜか北向きに流れています。水が高台に向かって流れているようで，不思議に思いますが，これは目の錯覚。疏水は川ではなく人工の水路なので，ちゃんと下流（北）に向かって流れるように設計されているのです。昔からことわざに「水は低きに流れる」とあるのは真理です。

資料　「京の散歩道」紹介

桜と賀茂川の流れ「半木の道」

　北大路橋と北山橋の間を，賀茂川の東岸に沿って約800㍍の紅枝垂桜の並木が続く美しい道が「半木の道」と呼ばれています。どうして半木の道といわれるようになったのでしょうか。昔，西賀茂の浮田の森にあった神社が賀茂川の洪水で流され，この地にとどまったので，「流木神社」と呼ぶようになったとされています。そして，その場所が上賀茂と下鴨のほぼ中間にあたることから，「半木神社」といわれるようになったそうです。道の東側の京都府立植物園の園内に「なからぎの森」という山城盆地の植生がわかる自然林が残り，神社はその中ほどにたたずんでいます。「半木の道」は桜の名所として有名で，賀茂川を飛び交う水鳥や渡り鳥，水面に群れる魚などの自然と親しみ，川に置かれた飛び石で遊んだりして歩いてみるのもいいですよ。

平安の昔をしのぶ「千代の古道」

　右京区の常盤や山越あたりから，嵯峨の大覚寺に至る小道が「千代の古道」です。今から約1200年前の平安時代，天皇や貴族が京の都から嵯峨院（今の大覚寺）へ通った道です。途中にある広沢池付近の庭木や田園風景が目を楽しませてくれます。嵯峨野は，平安時代から桜や紅葉などの景勝の地として知られ，天皇をはじめ多くの貴族が遊宴（現在の花見やピクニック）を楽しみに通いました。そして，大覚寺の大沢池や嵐山の大堰川で船を浮かべ，雅楽の演奏などを楽しんだとされています。所々に道標が立っているので，それを目印に歩くと面白い発見があるかもしれませんね。

ほっとひと息「せせらぎの道」

　川端通に沿って，三条通下る付近から白川南通まで続く石畳が「せせらぎの道」です。わきを流れる小川のせせらぎと20種類を超える草木の緑が映え，都会の中のオアシスといった雰囲気です。小道が誕生したのは1991（平成3）年，京阪電車と琵琶湖疏水が地下化されるときに，「先人の偉業を目に見える形で残したい」と，疏水の水を引き込んでつくられました。白川南通には弁財天の社があり，そばに京焼の陶工・青木木米宅の石碑が立っています。そこから東へ行けば，白川に沿って京情緒が感じられる道が祇園まで続きます。

観光客に人気抜群「ねねの道」

　東山区の高台寺の門前を中心に延びる石畳が「ねねの道」です。高台寺は，豊臣秀吉の妻・北政所（ねね）が，秀吉が亡くなった後に移り住んだ寺です。円山公園の南側から霊山観音の参道までの約460㍍で，1998（平成10）年に周囲の落ち着いた風景に合わせて，電線を地中に埋め，石畳を敷いて整備されました。道の途中には，高い石垣の家が続く石塀小路や，南へ下れば，清水寺につながる二年坂，産寧坂（三年坂）があります。
　高台寺には，秀吉とねねの像をまつる霊屋があり，高台寺蒔絵と呼ばれる，美しい装飾品が見られます。

竜馬も待っている「維新の道」

　ねねの道の南の端から，京都霊山護国神社へと続く坂道を「維新の道」と呼んでいます。幕末維新の舞台となった京都では，国の改革のために活躍した，多くの勤皇の志士たちが犠牲になりました。明治維新史跡公園には，若くして命を散らした志士1356人の霊をまつっています。なかでも人気があるのが，坂本竜馬と中岡慎太郎の墓で，修学旅行生や若い人たちがメッセージを書き残しています。近くの霊山歴史館には，幕末維新の歴史が学べる展示もあります。

2-2 都への出入り口「京の七口」

　長い間都だった京都へは、地方からの人や物の行き来が多く、四方八方から街道が集まっていました。街道から都への出入り口として、京の七口と呼ばれる場所がありました。七口は、時代によって変わりますが、粟田口・東寺口・丹波口・清蔵口・鞍馬口・大原口・荒神口が代表的なものです。時代によって、長坂口や竹田口も七口に数えられました。現在も粟田口や荒神口、鞍馬口などは地名として残っており、人々の生活に深く結びついていることがわかります。

◆ 昔は天秤棒をかついで、かごに入れた鯖や魚介類を運んでいました。
（小浜市教育委員会提供）

京都話のポケット　魚を一昼夜かけ運ぶ「鯖街道」

　若狭湾で捕れた魚介類は、いたまないように、すぐ一塩されて京都へ運ばれました。ルートはいくつかありましたが、主なものは福井県小浜市を起点に、滋賀県の高島市朽木から花折峠、京の大原、八瀬を経て、京都市中へ入るルートでした。なんと、眠ることなく、一昼夜かけて運ばれたんだって！そうすると、京都に着くころには、ほどよく塩が回ってちょうど良い味になり、都の人々にとても喜ばれました。一人30キログラムほどを背負ったり、天秤棒でかついだりして運んだそうです。京都においしいものを届けるのは、とても大変な仕事だったんだね。

京都話のポケット　平和の大切さを学ぶ「沖縄　京都の塔」

　「維新の道」がつながる京都霊山護国神社には、太平洋戦争で亡くなられた方の慰霊碑も設置されています。激しい戦いがあった沖縄では、たくさんの方が亡くなられました。激戦地の場所にある沖縄県宜野湾市の嘉数高台公園には、沖縄戦で亡くなられた京都府出身者2,536名のご冥福と世界の平和を願うため、「京都の塔」が建立されています。公園には、日本軍が使用した施設や銃弾の跡が残され、戦争の悲惨さや平和の大切さが学べる場所になっています。

町並みと道　京の七口

◆ **城南宮**
方位の災いから守ってくれる神社として知られ、春と秋に曲水の宴が行われることでも有名です。

◆ **首塚大明神**
（老ノ坂トンネルの手前の道を入った所に建っています）
源頼光が酒呑童子を退治し、鬼の首を埋めたという伝説が伝わっています。

◆ 京と大阪を結ぶ「鳥羽街道」

平安京の南の端にあった羅城門からさらに南へのびる道で、古くは鳥羽の「作り道」と呼ばれました。平安時代後期、白河上皇が、この街道の近くに広大な鳥羽離宮を建てました。都の守護神として創建されたといわれる城南宮も、その敷地内にありました。

鳥羽街道は、淀川に沿って大阪へ通じる重要な街道でした。1868年には、大阪から鳥羽街道を攻め上る徳川幕府軍と、京都に陣をしいた維新政府軍とがぶつかった鳥羽・伏見の戦いの舞台にもなった場所です。

◆ 光秀も駆け抜けた「山陰街道」

丹波口から七条通を西へ向かい樫原、沓掛を抜け老ノ坂峠を越えて、丹波の国へと向かう街道でした。桂川を渡ったところに地蔵寺というお寺があり、京都六地蔵の一つで旅の安全を守る桂地蔵がまつられています。人々はお地蔵さんに旅の無事をお祈りしたのでしょう。街道沿いには古い町並みや本陣跡などが残っています。また、老ノ坂峠は丹波へ抜ける難所で、大江山の酒呑童子伝説の舞台の一つでもあり、峠には鬼の首をうめたという神社が建っています。

足利尊氏が北条氏を攻めたときや、明智光秀が本能寺の織田信長を攻めたときにも、この街道が使われました。

2-3 読める？この地名・町名

京都の有名な地名の一つ「太秦」。どのように読むのでしょうか。「たはた，たいしん…？」。難しい読み方です。答えは「うずまさ」です。

奈良時代の歴史書『日本書紀』によると，渡来人の秦氏が天皇に絹を納めたときに，絹が「うずたかくつまれた」ことから，「うずまさ」の姓を与えられたということです。太秦地域は秦氏の居住地の中心だったことから，その一帯を「うずまさ」と呼ぶようになりました。由来からわかるように，太秦には秦氏と関係の深い広隆寺も建っています。太秦周辺を歩いてみると，「帷子ノ辻」「車折」という地名を目にします。読みにくい地名です。「かたびらのつじ」「くるまざき」と読みます。これらを詳しく調べてみると，地名のおもしろい由来を知ることができます。

◆嵐電「太秦広隆寺駅」の看板

京都話のポケット　天使とは無関係「天使突抜町」

下京区の五條天神社は，古くは「天使社」と呼ばれていました。この天神社の境内を突き抜けて開設された通りだから「天使突抜」。現在は，東中筋通と呼ばれています。西洞院通と油小路通の間にあり，通りの両側には天使突抜一丁目などの町名が残っています。豊臣秀吉の京都改造のさいに開かれ，キリスト教の「天使（エンジェル）」とは無関係です。五條天神社は，牛若丸（源義経）と弁慶がこの境内で出会い戦った場所と伝えられています。

京都には，読みにくい地名のほかにも，独特な町名がたくさんあります。中京区に「百足屋町」という町名がありますが，これは，かつて「百足屋」という大商人が住んでいたのが由来といわれます。百足屋町がある新町通は，平安時代から町のメーンストリートとしてにぎわい，多くの人が足を運んだ場所だったようです。

京都の読みにくい地名とユニークな町名（一部）

読みにくい地名			ユニークな町名		
化野	あだしの	（右京区）	閻魔前町	えんままえちょう	（上京区）
不明門通	あけず(のもん)どおり	（下京区）	柏清盛町	かしわきよもりちょう	（上京区）
雲母坂	きららざか	（左京区）	丁子風呂町	ちょうじぶろちょう	（上京区）
鹿ヶ谷	ししがたに	（左京区）	百々町	どどちょう	（上京区）
直違橋	すじかいばし	（伏見区）	悪王子町	あくおうじちょう	（下京区）
納所	のうそ	（伏見区）	二帖半敷町	にじょうはんじきちょう	（下京区）
先斗町	ぽんとちょう	（中京区）	髭茶屋町	ひげちゃやちょう	（山科区）
艮町	うしとらちょう	（下京区）	匂天神町	においてんじんちょう	（下京区）
上終町	かみはてちょう	（左京区）	饅頭屋町	まんじゅうやちょう	（中京区）
椥辻	なぎつじ	（山科区）	卜味金仏町	ぼくみかなぶつちょう	（下京区）

2-4 歌で覚える京の町の通り名

　京都の東西・南北の通りは碁盤の目のようになっています。いつのころからか，たくさんある通りの名前を覚えやすいように歌にしてきました。

東西に延びる通り（南へ一筋ずつずれていきます）

丸♪	竹♪	夷♪	二♪	押♪	御池
まるたまち	たけやまち	えびすがわ	にじょう	おしこうじ	おいけ
丸太町 －	竹屋町 －	夷川 －	二条 －	押小路 －	御池

姉♪	三♪	六角♪	蛸♪	錦
あねやこうじ	さんじょう	ろっかく	たこやくし	にしきこうじ
姉小路 －	三条 －	六角 －	蛸薬師 －	錦小路

四♪	綾♪	仏♪	高♪	松♪	万♪	五条
しじょう	あやのこうじ	ぶっこうじ	たかつじ	まつばら	まんじゅじ	ごじょう
四条 －	綾小路 －	仏光寺 －	高辻 －	松原 －	万寿寺 －	五条

　五条通より南の通りの歌もありますが，よく知られているのは上にあげた通りまでです。

南北に延びる通り（西へ一筋ずつずれていきます）

寺	御幸	麩屋に	富	柳	堺	高	間の	東は	車屋町
てらまち	ごこまち	ふやちょう	とみのこうじ	やなぎのばんば	さかいまち	たかくら	あいのまち	ひがしのとういん	くるまやちょう
寺町 －	御幸町 －	麩屋町 －	富小路 －	柳馬場 －	堺町 －	高倉 －	間之町 －	東洞院 －	車屋町

烏	両	室	衣	新	釜	西	小川	油	醒ヶ井で	堀川の水
からすま	りょうがえまち	むろまち	ころものたな	しんまち	かまんざ	にしのとういん	おがわ	あぶらのこうじ	さめがい	ほりかわ
烏丸 －	両替町 －	室町 －	衣棚 －	新町 －	釜座 －	西洞院 －	小川 －	油小路 －	醒ヶ井 －	堀川

　ほかにも，江戸時代に活躍した近松門左衛門の浄瑠璃に登場する南北の通りの歌があります。

　通りの歌は，口から口へと伝えられたものなので，さまざまなものがあると考えられますが，ここではその一例だけを記しました。

　また，東西・南北の通りは直角に交差しているので，縦・横の通りの交差地点で標示を確認すれば，簡単に目的の場所にたどり着くことができます。交差点から北へ行くことを「上る」，南へ行くことを「下る」，東へ行くことを「東入」，西へ行くことを「西入」といいます。

◆ 二条通　二条城に通じている道で，烏丸通と寺町通の間には薬屋さんや漢方薬の店が見られます。

◆ 夷川通　烏丸通と寺町通の間は，家具の専門店街として有名で，多くの家具店，建具店が立ち並んでいます。

　通りの名前だけを覚えるのではなく，一つ一つの京都の通りを体感したいものです。そうすることで，京都の歴史や文化，伝統が生き生きと感じられるのではないでしょうか。

～こんなことばの遊び歌もあります～

坊さん頭は丸太町　つるっとすべって竹屋町　水の流れは夷川
二条で買うた生薬を　ただでやるのは押小路
御池で出逢うた姉三に　六銭もろうて蛸買うて
錦で落として四かられて　綾まったけど仏々と
高がしれてる松どしたろ（京ことばの「まどす」は弁償するという意味）

京都 話のポケット　具足小路が錦小路になった

　平安京のころ，四条坊門小路と四条大路の間に，物売りが立ち並ぶ小路がありました。今の錦小路です。当初この小路は，具足類（武具や道具）を製造販売する店が多かったので，具足小路と呼ばれていたといいます。
　しかし，『宇治拾遺物語』によると当時の帝（村上天皇）が「四条の南側には綾小路があるのだから，北側の小路は錦小路と呼んではどうか」とアドバイスし，以後そう呼ばれるようになったという物語が伝えられています。着物の美しさなどを表す「綾錦」という言葉からの発想でしょう。
　今，この錦小路の高倉通から寺町通までの間は，錦市場と呼ばれて食料品店が立ち並び，市民や観光客でにぎわっています。

町並みと道　京の地名・町名

◆国宝　源氏物語絵巻　夕霧〈五島美術館蔵〉夕霧が読んでいる手紙を，妻が女性からのラブレターと思い込んで，そっと近づいて手紙をうばい取ろうとしている場面です。

文化　受け継がれる京の文化

1. すぐれた作品が次々，古典文学

◆紫式部肖像画〈土佐光起筆・石山寺蔵〉

◆かな文字で花開いた女性文学

「男もすなる日記というものを女もしてみんとてするなり」—
紀貫之『土佐日記』

日本語のひらがなとカタカナが発達したのは平安時代です。それまでは，文章は漢字だけで書くのが普通だったのです。ひらがなは，主に女性が使う文字でしたが，紀貫之は女性のふりをして『土佐日記』という紀行日記を書きました。これをきっかけに〈かな〉による文章が，特に女性によって書かれるようになりました。

平安時代は，世界でもまれなほど女性の文学者が活躍した時代です。日記や随筆（思いつくままを書いた文章），物語（小説）などが書かれ，長編小説である紫式部の『源氏物語』や，清少納言の随筆『枕草子』など，現在も親しまれているたくさんの文学作品が生まれました。

すぐれた文学作品が誕生した背景には，王朝貴族たちが教養として身につけていた和歌の伝統があります。日本で初めての勅撰和歌集（天皇の命令によって編集された歌集）である『古今和歌集』がつくられ，宮中の人々はだれもが和歌に親しんでいました。『和泉式部日記』や『源氏物語』にも，多くの和歌が挿入されて，登場人物の感情表現をよりきめ細かで豊かなものにしています。

平安時代の主な文学作品	
日記・随筆：	●『土佐日記』紀貫之　●『蜻蛉日記』藤原道綱の母　●『枕草子』清少納言 ●『和泉式部日記』和泉式部　●『紫式部日記』紫式部　●『更級日記』菅原孝標女
物　　語：	●『竹取物語』不明　●『伊勢物語』不明　●『源氏物語』紫式部
和　歌　集：	●『古今和歌集』紀貫之など

◆鎌倉時代，軍記物などに傑作

　鎌倉時代になって武士の時代になると，戦や英雄，武将などを描いた軍記物が生まれました。平安時代とはちがって，力強い文体が特徴です。平家一門の繁栄と滅亡が書かれた『平家物語』は，琵琶法師（楽器の琵琶をひいて物語を歌うように語る人）によって語られ，文字の読めない人々にも広く親しまれました。

　また，神話や伝説などを物語にした説話文学も多く書かれました。『今昔物語集』（平安時代末期）や『宇治拾遺物語』など，人生の教訓を面白く語ることで大衆に愛されました。

　吉田兼好の『徒然草』と鴨長明の『方丈記』は，鎌倉時代の随筆文学の傑作です。自分の生き方を語るだけでなく，世間のできごとも冷静にみつめて書かれていて，いまも広く愛読されています。

　室町時代に世阿弥などにより大成された能楽も，京都に生まれた文学です。その後，政治の中心が江戸に移ると，京都から文学をつくりだす活気は失われました。

京都話のポケット　11月1日は「古典の日」

　世界に誇る古典文学である『源氏物語』の存在が記録のうえで確認できるもっとも古い日付が1008年11月1日であることから，11月1日は「古典の日」です。
　京都市が中心になった取組により法制化が実現し，2012（平成24）年9月には「古典の日に関する法律」も公布・施行されています。
　古典とは，文学，音楽，美術，演劇，伝統芸能，演芸，生活文化など古くから大切に受け継がれてきた文化的財産のことをいいます。
　たくさんの人たちが古典に親しみ，またその素晴らしさを再認識できるよう，「古典の日」には京都をはじめ全国各地で様々な催しが行われています。

2. 古典文学に描かれた京都

2-1 百人一首（五・七・五・七・七に込められた人々の想い）

　百人一首は，100人の歌人の和歌を1首ずつ集めたもので，平安時代末期から鎌倉時代にかけての歌人・藤原定家（「ていか」とも）が選んでできたものと考えられています。

　百人一首にある歌は短歌といい，五・七・五・七・七の五句，三十一音の歌です。この三十一音の中に，美しい景色や世の中の出来事，人の気持ちなどがあらわされています。

大江山　いく野の道の　遠ければ
まだふみも見ず　天の橋立
小式部内侍

◆現代語訳
大江山を越えて，生野を通って行く道は遠いので，天の橋立の地をふみ（踏み）もしていませんし，まだ母からのふみ（手紙）も見ていません。

　大江山は，西京区大枝と亀岡市の境あたりにあり，日本三景の一つである天橋立（京都府宮津市）へ続く国道沿いにあります。昔，人々はこの道を歩き，生野（京都府福知山市）を越えて天橋立へ向かっていたのですね。
　この歌は，小式部内侍が歌合に出す歌を，天橋立がある丹後地方にいる母（和泉式部）に作ってもらっているのではと，人にからかわれた時に詠んだ歌といわれています。

　小式部内侍の歌の中の「ふみ」という言葉には，「踏み」と「文」の二つの意味が掛けられています。また，「いく野」にも，「行く」と「生野」の二つの意味が掛けられています。同じ音のことばでいろいろな意味をもつ日本語の特徴を生かしたものです。

小倉山 峰のもみぢ葉 心あらば
今一度の みゆき待たなむ

貞信公

◆現代語訳
小倉山の峰の紅葉よ、おまえにもし心があるなら、もう一度、ここに天皇のお出まし（行幸）があるまで、どうか散らないで待っていてほしい。

小倉山は右京区嵯峨野にある標高280メートルの山です。藤原定家は、息子の為家の妻の父・宇都宮頼綱に頼まれて、小倉山にある山荘の襖に張る和歌を百首選び、色紙に書いて贈りました。今では「百人一首」といえば「小倉百人一首」を指すまでになりました。

これやこの 行くも帰るも 別れては
知るも知らぬも 逢坂の関

蟬丸

◆現代語訳
これがまあ、京の都から東の国へ行く人も、都へ帰ってくる人も、前から知っている人もまだ知らない人も、別れてはまたここで逢うという、「逢坂の関」なのだなあ。

「逢坂の関」は、山城国（京都府）と近江国（滋賀県）の境にあった関所です。京の都から東の国へ旅をする時に最初に通る関所で、都の人はここまで見送る習わしがありました。
この歌の「逢坂」には、「逢う」という意味も掛けられています。人生は出会いと別れ、そしてまた新しい出会いの繰返しです。「逢坂」は、その人生の象徴として多くの歌に詠まれています。

【百人一首出典】王朝秀歌選 岩波クラシックス51 岩波書店

古典文学 文化

2-2 清少納言が「枕草子」に綴った京都での暮らし

『枕草子』は、日本三大随筆の一つで、平安時代に清少納言が書いたものです。清少納言は平安京のあった京都で暮らしていたため、『枕草子』を読むと、当時の京都の様子を思い起こすことができます。

> 第百十八段
> 冬は、いみじうさむき。夏は、世に知らずあつき。

◆現代語訳
冬はうんと寒いのがよく、夏はたまらなく暑いのがよい。

> 第百五十八段　うらやましげなるもの（抜粋）
> 稲荷に思ひおこしてまうでたるに、中の御社のほど、わりなうくるしきを、念じのぼるに、いささかくるしげもなく、おくれて来とみる者どもの、ただ行きに先に立ちてまうづる、いとめでたし。

◆現代語訳
うらやましく見えるもの（抜粋）
稲荷神社（伏見稲荷大社・伏見区）に思い立って参詣（お参り）した時に、中の御社のあたりで、むやみに苦しいのを我慢して坂を登っていると、少しも苦しそうな様子もなく、後から来た者たちがどんどん追い越して参詣（お参り）するのには、大変感心した。

平安時代の人々も、京都の気候について「冬は底冷えするほど寒く、夏はたまらなく暑い」と感じていたことがわかります。今より暮らしにくかったかもしれませんが、清少納言は、「その厳しい気候がよい」と思っていたようです。その他にも、かわいいと感じるもの、珍しいと思うものなど、清少納言が心に感じたことを自由に書き記しています。

『枕草子』が書かれてから1000年以上の時がたっており、生活や文化は今とは随分違いますが、その想いは今のわたしたちと通じるものがたくさんあります。

【枕草子出典】日本古典文学大系19　枕草子・紫式部日記　岩波書店

2-3 京都日野の庵で鴨長明が書いた「方丈記」

『方丈記』も,『枕草子』と同じく日本三大随筆の一つで,鎌倉時代に鴨長明が書きました。京都の日野山(伏見区)に小さな「庵」(草木や竹を材料として作った質素な小屋)を作り,そこで,自分が体験した大地震や大火などの災害や,庵での穏やかな生活などを書いたものです。鴨長明は,時には天気のよい日に,日野山の頂上から,同じ伏見区の伏見の里や鳥羽,羽束師の方を眺めていたこともあったようです。

> ゆく河の流れは絶えずして、しかももとの水にあらず。よどみに浮ぶうたかたは、かつ消え、かつ結びて、久しくとどまりたるためしなし。世の中にある人と栖と、またかくのごとし。

◆現代語訳
川は絶えることなく,いつも流れている。そのくせ,水はもとの水ではない。よどんだ所に浮かぶ水の泡も,あちらで消えたり,こちらにできていたりして,いつまでもそのままということはない。世間の人や,その住居を見ても,やはりこのようだ。

◆下鴨神社に再現された「庵」

(注釈)
よどむ…水や空気などが流れずにとまって動かない
世間……世の中。日常生活をおくっている社会

このほかにも,日記や物語など,現在まで大切に読みつがれてきた古典文学作品がたくさんあります。
皆さんも言葉のひびきや,短歌の五・七・五・七・七という独特のリズムを楽しみながら,声に出して読んでみましょう。

【方丈記出典】新編日本古典文学全集44 方丈記・徒然草・正法眼蔵随聞記・歎異抄 小学館

3. こわいけど歴史が学べる

なるほどと思わせる京の伝説

　京都には、伝説が数多く残されていますが、他の地方と違うのは、登場人物や歴史的な背景、年代がはっきりしていて、なるほどと思わせる事実に近いものが多いのが特徴です。

　『宇治拾遺物語』や『古今著聞集』など、昔の書物に残されているものから、地元に古くから伝わるものまで、さまざまな伝説がたくさんあります。

　平安時代の中ごろ、源頼光は原因不明の熱病に悩まされました。ある夜、枕元にあやしげな法師が現れ、「苦しめ、もっと苦しめ。」と、縄で頼光を縛ろうとするので、驚いて銘刀「膝丸」で、法師めがけて切りつけました。すると、法師はパッと消えてしまいました。血の跡を四天王と呼ばれた4人の家来にたどらせると、北野天満宮の北の大きな石まで続いて消えています。四天王の1人、渡辺綱が刀で石を掘り返すと、1メートル以上の大きな蜘蛛が苦しんでいました。4人がかりでくし刺しにして鴨川まで運び河原にさらしたとたん、頼光の熱病はすぐさま治ったといいます。それからは、この石を蜘蛛塚というようになりました。

> 源頼光と四天王は、大江山の鬼（酒呑童子）退治伝説でも有名です。四天王には一条戻橋でも鬼退治をしたという渡辺綱のほか、金太郎として知られる坂田公時（金時）などがいます。この鬼退治のお話も調べてみよう。

京都話のポケット　安倍晴明は超能力者だった！？

　母親がキツネだったという伝説がある安倍晴明（はるあき）は、天文や暦にくわしく、吉凶を占ったりする平安時代中期の陰陽師でした。晴明は不思議な能力を持つ式神を操って、屋敷内のそうじや儀式までさせていました。ところが、晴明の奥さんが式神を怖がったため、晴明は戻橋の下にとじこめた、という伝説もあります。また、星や雲を見て天変地異を予測したりと、いわば超能力者だったともいわれています。

　晴明の話はのちに伝説となり、文学や芸能の作品に登場して現代に伝えられています。上京区の晴明神社の境内には、式神の石像や晴明井という井戸などもあり、全国から多くの晴明ファンや観光客が訪れます。

◆小町を思って「百夜通い」

平安時代、京の都で有名な美人の小野小町は、山科の里に住んでいたといわれています。ある日、ふと小町を見かけた深草少将は、小町のことが忘れられなくなり毎日訪ねて行き、会ってほしいと頼みました。しかし、返事はいつもノー。小町は、どんな男性のさそいも断っていたのです。しかし、少将はあきらめません。あまりにも熱心な少将に、ついに小町は「百夜通ったら、あなたの愛を受け入れましょう。」と言ったそうです。

◆百夜通い
小町に何とかして会いたい少将ですが、断り続けられています。

少将はますます夢中になり、5キロメートルも離れた深草から山科まで、雨の日も風の日も歩いて通い続けました。少将はどんどんやせおとろえていったのですが、気力だけで通い続けます。そして、やっと100日目の夜、少将は小町の家の前で力つきて息絶えてしまったといいます。ところが、地元では違う伝説が伝わっています。99日目の日に、小町は少将を家に招き入れました。それなのに少将は雪がひどかったので代理の人を遣わし、そのことがバレて、少将は振られてしまいます。その話をもとにしたのが随心院で春に行われる「はねず踊り」（60ページ参照）です。「はねず」は薄紅色のことで、地元の小学校の少女らが、小町や少将にふんしてかわいい踊りを演じます。

京の伝説 / 文化

京都にはこのほかにもたくさんの伝説があります。調べてみましょう。

キツネが茶の名人に
へんし〜ん

- ●六角堂のへそ石（京都の中心といわれる石。聖徳太子や平安京造営にまつわる話）
- ●三条通の弁慶石（さわれば力持ちになれると伝えられている。弁慶が比叡山または五条大橋から投げたとも）
  ＝中京区三条通御幸町
- ●道真の登天石（賀茂川があふれた時、水の中から石に乗った道真が…）＝水火天満宮（上京区堀川通鞍馬口下る）
- ●相国寺の宗旦狐（キツネが茶道の名人・千宗旦に化けて見事にお茶をたてた？）
- ●六道珍皇寺の六道の辻（小野篁がめいどに毎夜通い、えんまさんに仕えていた…）

4. 京でみがかれた庭園の美

4-1 時代を映す京の庭園づくり

◆ 神泉苑
京都で最も古い庭園。昔は東西約250メートル，南北約500メートルの広さがありました。朱塗りの法成橋が平安王朝の華やかな面影を伝えています。

◆ 大沢池
大覚寺の東に広がる大沢池は周囲800メートルで，平安時代最古の庭園池のひとつ。名勝に指定され，月見の名所としても知られています。

◆ 名庭園生む 山紫水明の地・京

日本の庭づくりは，古代から池や泉が中心になっていました。山紫水明の地（山や水など風景が美しいこと）である京都は，池や庭のもととなる水脈に恵まれ，周りの山や川からは庭石や庭木に適した材料が豊富に得られました。盆地のいたるところに泉が湧き，変化に富んだ起伏の丘も多く，こうした自然の地形を利用した庭づくりが，平安遷都の後，次々と行われました。

神泉苑（中京区）は，平安京の最初の池泉庭園として貴重な遺構です。二条城の建設や市街地化によって，現在はその一部が残されているだけです。しかし，もともとは天皇や貴族たちの遊宴の場としてつくられたもので，山や野や池がある8ヘクタールにも及ぶ大庭園だったといいます。

大覚寺の大沢池は，嵯峨天皇の山荘だった嵯峨院庭園の園池の遺構で，自然の美しさを生かしたスケールの大きさをうかがい知ることができます。

池の北側に、小倉百人一首にも歌われている名古曾滝が復元されています。平安時代初期の庭園では、この二つの遺跡があるのみです。

平安時代の中期以降には、寝殿造と呼ばれる貴族風の住宅建築に合わせて、中島のある池に水の流れを導く王朝風の庭園がつくられましたが、当時の様子を伝える遺跡は京都市内にはありません。

また、浄土教の強い影響で、寺院の金堂や阿弥陀堂の前に大きい池を構え、ハスを植えたりして西方浄土の極楽に見立てた浄土庭園が流行しました。宇治の平等院や木津川市加茂町の浄瑠璃寺が有名ですが、京都市内では、右京区花園の法金剛院で復元された庭園を見られます。

◆ **法金剛院の浄土庭園**
池にはハスやショウブ、池の周りには桜、アジサイなど四季折々の花が目を楽しませてくれます。

◆ **大仙院の枯山水庭園**
国の特別名勝となっている枯山水の石庭は狭いところに無数の岩石を配して、山や水の流れを表しています。

◆ 技術の発達と新しい庭の登場

鎌倉時代から室町時代にかけては、禅宗の広まりと武家風の書院造の発達に伴って庭づくりの技術が向上し、多くの名庭園がつくられました。この時代には、石立僧（作庭の巧みな僧侶）が活躍し、草木や水を使わず、水を表現する白い砂と、山や滝に見たてる岩の配置によって、自然の姿を表現する枯山水の手法が広まりました。

枯山水庭園は禅宗の寺院に多く、龍安寺の石庭、大徳寺の本坊・大仙院・聚光院・真珠庵・孤篷庵、妙心寺の霊雲院、南禅寺の金地院などたくさんあります。

江戸時代には、池と築山を中心に、庭園内を回遊できる池泉回遊式庭園が、各地で盛んにつくられました。京都の代表的な例は、桂離宮と修学院離宮の庭園です。

◆ 桂離宮
約5万6000平方メートルの敷地内に書院や七つの茶亭を配した庭園です。

◆ 修学院離宮
手前に広がる浴竜池には三つの島が浮かび、それぞれに橋が架けられ、島や庭園には趣向をこらしたお茶亭などを配しています。

◆ 二条城の清流園
1965（昭和40）年完成。片側が芝生を敷き詰めた洋風庭園、もう片側が二棟の建物を含めた池泉回遊式庭園です。

　これらは天皇や皇族のためにつくられた庭で、今も宮内庁が管理しています。
　明治時代になると、貴族や武士に代わって、政治家や実業家の別荘などに名庭園がつくられました。京都では、左京区岡崎にある無鄰菴や碧雲荘などが代表例で、どちらも東山を借景（造園の技巧のひとつで、しき地の外の風景を自分の庭園の眺めの一部として取り入れること）にして疏水の水を引き込む方式になっています。明治時代の庭園で見学できるのは、無鄰菴、平安神宮の神苑、木屋町通二条の第二無鄰菴などです。
　また、近年つくられた庭園としては、二条城の清流園や、梅小路公園の「朱雀の庭」などが有名です。

4-2 各時代に出た名造園家たち

◆庭づくりの名手・夢窓疎石

　京都では，天皇や皇族，貴族，武士，政治家や実業家と，その時代の権力者たちの発注によって，数々の名庭園がつくられました。庭づくりには多くの人がかかわっていますが，平安時代の末期以来，庭づくりの専門的な技術とすぐれた考えを身につけた石立僧が登場します。このころから，石の組み立てが重視され，どんな石をどういうふうに立てるかが，庭づくりの中心に考えられるようになったのです。そうして出来上がったのが枯山水の庭園でした。

　みなさんは，夢窓疎石という人の名前を聞いたことがありますか。鎌倉時代末期から室町時代初期にかけて活躍した，臨済宗の僧です。等持院や天龍寺などを開いた人として知られる高僧で，すぐれた作庭家としても有名です。苔寺（西芳寺）と天龍寺方丈庭園は，夢窓がつくった京都の代表的な庭園で，その後の庭園づくりに大きな影響を与えました。足利義政が築いた東山山荘（後の銀閣寺）の庭や建物は，苔寺を手本にしたといわれています。

　枯山水庭園が，本格的に発展する室町時代中・後期には，夢窓疎石のような石立僧に代わって，その当時，

◆ 苔寺（西芳寺）
黄金池を中心に，さまざまな種類の苔が起伏に富んだ庭園をおおい，木々の幹や葉，池との対比が美しい庭です。

◆ 天龍寺
庭園は曹源池を中心とした池泉回遊式の名園で，亀山，嵐山を借景とするスケールの大きな庭です。

◆ 金閣寺（鹿苑寺）
明治23年に出版された銅版画。

◆ 銀閣寺（慈照寺）
明治24年に出版された銅版画。
（左右とも国際日本文化研究センター蔵）

「山水河原者」や「庭の者」と呼ばれ，身分上きびしく差別されていた人々が庭園づくりに優れた技術と豊かな芸術性を発揮しました。彼らは，「泉石（泉水と庭石）の名手」（庭づくりの名人）といわれ，足利義政に重用された善阿弥など，何人かの庭師の名が伝わっています。虎，虎菊，又四郎，五郎次郎など，歴史上は無名ともいっていい人たちですが，彼らのグループによって作庭の伝統は受け継がれました。日本一の枯山水といわれる龍安寺の石庭をはじめ，金閣や銀閣など，作者が不明な当時の名庭にも，彼ら「山水河原者」や「庭の者」と呼ばれた人たちの熟練の腕が果たした役割は大きかったと思われます。

◆ 江戸時代～近代の名人

徳川幕府の作事（建築）奉行で，茶道指南役だった小堀遠州は，江戸

京都話のポケット

「虎の子渡し」の龍安寺石庭

右京区の龍安寺の方丈庭園は，「石庭」と呼ばれます。白砂と15個の石を7・5・3に並べただけで，庭につきものの樹木や草花はまったくありません。庭は横長なので，一度に全部の石を見渡すことはできませんが，親虎が子どもによりそって川を渡るように見えるため，「虎の子渡し」と呼ばれています。相阿弥の作庭といわれますが，庭石の後ろに工事担当者2人の名前がきざまれているだけで，確実な証拠はありません。この石庭は，昔から鑑賞がむずかしいといわれ，江戸中期の公家で，関白にもなった第一級の文化人・近衛家熙でさえ，「わたしごとき者には好悪はわからない」と言っています。

時代のすぐれた作庭家としても有名で，数多くの名庭を残しています。京都では，二条城二の丸庭園や仙洞御所庭園，南禅寺方丈・金地院，大徳寺孤篷庵の庭などがあります。

　明治時代から昭和時代にかけて活躍した7代目・小川治兵衛は，近代造園の第一人者です。平安神宮神苑や円山公園，青蓮院庭園の修復を手がけたほか，政治家の山県有朋の別荘・無鄰菴，野村家別邸・碧雲荘，清水家十牛庵，細川家別邸・怡園，流響院，清流亭など，数々の名庭にその足跡を残しています。

◆ **金地院**
小堀遠州の作で，国の特別名勝。白砂を敷きつめた庭には鶴島，亀島，中央に蓬莱島があり，鶴と亀が向かい合っている姿を表しています。

◆ **仙洞御所**
粒のそろった石がぎっしり敷きつめられ，おおらかな曲線を描いて，池の美しさを引きだしています。

◆ **無鄰菴**
小川治兵衛の明治の代表的な庭園です。東山を借景にした庭は，疏水の水を曲線的に引き入れ，滝から水を落とし，芝生の中を曲がりくねって流れています。

文化　京の庭園

5. 世界に誇る京の美術

5-1 京で生まれた絵画や画家

　京都のお寺の中を見学している時に，掛け軸や襖の絵画に出合ったことはありませんか。実は，それらの中には，国宝や重要文化財に指定されているものが数多くあります。

◆ 国宝　鳥獣人物戯画「相撲」（高山寺蔵）

カエルとウサギが相撲を取って，カエルの気合と同時の投げに，ウサギはあおむけに転がり，そばで見ているカエルはやんやの喝采。1匹は転げて笑いをこらえている場面です。

鳥獣人物戯画

　高山寺の石水院に複製が展示してあります。全部で4巻あり，1巻が約11メートルの長い絵巻物です。作者は，平安時代の鳥羽僧正と伝えられてきましたが，各巻で描き方が違うので，鳥羽僧正と何人かの人が描いたものとわかってきました。物語は右から左へと展開していきます。登場する動物の表情から，動物たちの会話を想像して見ていくと楽しくなってくるでしょう。

　上の図では，負けたはずのウサギが，とても楽しそうな顔をしています。日本最古のマンガといわれています。

◆国宝 上杉本洛中洛外図屏風（右隻）（米沢市上杉博物館蔵）京の都を一望すると，人々の暮らしのにぎわいが見えてくるようです。右隻と左隻を合わせて，なんと，2500人もの人物が描かれています。

国宝 上杉本洛中洛外図屏風

織田信長が狩野永徳に描かせ，上杉謙信に贈ったと伝えられるものです。描かれているものを眺めてみると，金閣寺や銀閣寺など，わたしたちがよく知っている名所を見つけることができます。もっとよく見てみると，祇園祭の山鉾をひいたり見物したりする町衆，仕事をする職人や貴族などさまざまな人々も見つけることができます。数多くの屏風が描かれ，その当時の京都の町や人々の生活の様子を知る手掛かりにもなります。

◆松に山鳥図（大覚寺蔵）

松に山鳥図

上の洛中洛外図屏風と同じく，狩野永徳が描いた作品です。永徳は，安土桃山時代に活躍した絵師で，豪快でスケールの大きな絵を描きました。『松に山鳥図』では，大きな松の木の枝に山鳥が止まり，羽を休めているところが描かれています。

文化 京の美術

◆ 国宝　八橋蒔絵螺鈿硯箱　尾形光琳（東京国立博物館蔵）　　◆ 静　上村松園画（東京国立近代美術館蔵）

◆京都画壇の輝ける偉人たち

　京都が生んだすぐれた画家に，江戸中期の尾形光琳と，明治〜大正時代の富岡鉄斎がいます。

尾形光琳
　京の呉服商に生まれ，早くから画才を発揮しました。『紅白梅図屏風』や『燕子花図屏風』の名画をはじめ，『八橋蒔絵螺鈿硯箱』など光琳蒔絵と呼ばれる工芸意匠にも，すぐれた装飾美を生み出しました。弟の名陶工・尾形乾山とともに陶器絵付けも試み，「琳派」（尾形光琳派）の確立者として，後の画家や工芸家たちに影響を与えました。

> **琳派**
> 本阿弥光悦と俵屋宗達が創始し，尾形光琳・乾山兄弟が確立したとされる，造形美術上の流派のことを琳派と呼びます。本阿弥光悦が徳川家康から鷹峯の地を拝領した1615年を起点として，2015（平成27）年に誕生400年を迎えました。

富岡鉄斎
　京の法衣商の二男に生まれ，若くして古今（昔と今）の書物を読みとおし，文人画のりっぱな画家になります。年をとるにつれて，自由で大胆なみずみずしい作品を生み出しました。二人とも，世界的にも知られた偉大な芸術家といえるでしょう。

◆日本最初の公立美術学校

　1880（明治13）年，日本で最初の公立美術学校が，京都御苑内に開校されました。この美術学校からは，京都における日本画の第一人者となる竹内栖鳳や，栖鳳の弟子で，のちに女性初の文化勲章を受章した上村松園ら，すぐれた画家が出ています。この学校は，現在の京都市立銅駝美術工芸高校や京都市立芸術大学へと受けつがれ，多くの芸術家を生み出しました。

5-2 仏教と深い関係，京の彫刻

京都には，文化的価値のある彫刻がたくさんあります。そのほとんどが，仏教と深く関わっています。

◆ 庶民の心映す東寺の仏たち

東寺は，嵯峨天皇より823年に空海（弘法大師）に託され，「教王護国寺」の名で真言密教の根本道場となり，今日まで庶民の弘法大師信仰の寺として親しまれてきました。貴重な文化財が数多く残り，中でも講堂内には，むずかしい密教の教えを庶民にわかりやすく伝えるための，金剛界大日如来像や五大明王など，21体の見事な仏像が安置されています。優しいまなざしや怒りの形相など，仏像の表情を静かに鑑賞してみましょう。

◆ **重文　薬師三尊像** (教王護国寺蔵)
中央の薬師如来座像は金色に輝き，台座の周りには十二神将像が配されています。右に日光菩薩像，左に月光菩薩像が立っています。

◆ 力強い神護寺の薬師如来立像

高雄橋を渡ってから，約350段の階段を上りきると神護寺です。金堂の薬師如来立像は，少しのことではびくともしそうにない，がっしりとした体格と鋭い表情が印象的です。さらにここでは，清滝川に向けてかわらけ投げができます。清滝川にうまく投げるのは，なかなか難しいのです。休みの日に，自然を楽しみながら，散策してみてはどうでしょうか。

◆ **国宝　薬師如来立像** （神護寺蔵）
鋭い表情と全身に力強さをみなぎらせています。両腕以外を榧の一木で彫った一木造。

京都話のポケット 〝泣き弥勒〟は何が悲しい？

洛西・太秦の広隆寺を訪れると，うす暗い霊宝殿内に2体の国宝仏像「弥勒菩薩半跏像」が安置されています。2体とも右足を左のひざの上に乗せ（半跏の姿），右手の指先を頬に当てて物思いにふける（思惟）姿です。仏教を広めた釈迦が入滅（死去）してから56億7千万年後，この世に降りてきて，人々を救う仏が弥勒菩薩なのです。国宝第1号に指定された「宝冠弥勒」のほうは，深みのあるほほ笑みで親しまれていますが，すぐ隣に安置された「泣き弥勒」も見過ごせません。救いがたい人間の様子を悲しんでいるのでしょうか。

◆ 国宝　毘沙門天三尊立像（鞍馬寺蔵）

都を守るため，ながめるように左手をかざして立つ本尊の毘沙門天像。

◆ 牛若丸も見守られた？ご本尊

　悲劇の武将・源義経が，まだ若い「牛若丸」時代に，天狗を相手に剣の修行をしたという鞍馬山の山中。そこに建つ鞍馬寺の霊宝殿には，たくさんの仏像が並んでいます。中でも，堂々たる威厳を漂わせて，京の都を見守り続けてきた身の丈（身長）2メートル近い「木造毘沙門天像」が特にすぐれています。興味深いのは，この本尊の両脇に安置された2体の仏像。向かって右の像は毘沙門天の妃にあたる吉祥天で，左の像は，二人の間に生まれた善膩師童子で，こちらは吉祥天像より5センチメートルほど低いのです。巨大な本尊と小さな脇侍仏（両脇で本尊を守っている仏）2体に接していると，親子三仏がむつまじく世の平安を願って立ち続けてきた姿に胸を打たれます。

◆ 民衆救難の姿，空也上人像

　六波羅蜜寺は西国巡礼の札所として，古くから人々に親しまれてきた洛東の寺です。ここでは，この寺を開いたといわれる空也の木像が見られます。修行僧の姿をした空也の口から，「南無阿弥陀仏」の6文字をあらわす小さな6体の阿弥陀仏が飛び出しているのです。諸国をめぐって念仏を唱えながら，民衆の苦しみを救った平安時代の高僧の姿がしのばれます。（→111ページ参照）

◆ 重文　空也上人立像（六波羅蜜寺蔵）

京都 話のポケット　阿弥陀さまが振り向かれた！

　阿弥陀如来は，宝冠などの装飾はなく，慈悲にみちた表情です。11もの顔を持つ十一面千手観音などのような変化はありませんが，例外は左京区の永観堂（禅林寺）の本尊です。首を左に振り返る珍しい像です。平安中期，永観（「ようかん」とも）が，念仏を唱えながら本堂を歩く修行をしていると，本尊の阿弥陀如来が一緒に加わりました。永観は驚いて足がすくみました。この時，阿弥陀如来が「永観，遅いぞ」と，後ろを振り返ったのです。その振り向いた姿を表した変わった仏像です。

◆国宝 木造千手観音坐像（妙法院蔵）　◆国宝 十一面千手千眼観世音菩薩立像（妙法院蔵）
三十三間堂の本堂を埋め尽くすように千一体の千手観音像がずらりと並んでいます。

◆1001体の仏さまオンパレード

　平安時代末期，後白河法皇は平家の総大将・平清盛の力を借りて，東山七条の地に御所をつくり，その中心に「蓮華王院」（三十三間堂）を建てました。内陣には，この世の苦しみを救ってくれる1001体の「十一面千手観音像」が安置されています。今でも堂内に入ると，中央に巨大な千手観音が置かれ，その左右に前後10列の階段状の壇上に整然と等身大の千手観音が並び，風神像や雷神像までが中尊を囲んでいます。まさに金色に輝やく千手観音のオンパレードといえます。

◆平安期に彫られた五智如来坐像

　安祥寺（山科区にある真言宗寺院で，848年創建。）上寺の礼仏堂の本尊として，851年～859年頃に造られました。国内最古，そして唯一の平安初期の五智如来坐像としてその歴史的価値が評価されています。
　現在は，京都国立博物館に寄託され，保管・展示されています。

◆国宝 五智如来坐像（安祥寺蔵）

5-3 京の貴重な財産「学校文化財」

京都の学校には，学校がつくられた当時の教育にかかわる資料などとともに，芸術家として活躍した卒業生や地域の人々から贈られた美術工芸品が数多く残っています。学校と地域の人々や芸術家との深いつながりは，京都の学校の大きな特色の一つとなっています。

各学校で大切にされてきた美術工芸品や学校に伝わるさまざまな資料を，京都市では「学校文化財」と呼び，それらを収集・保存して展示する施設として，1998（平成10）年に「京都市学校歴史博物館」を開館しました。

◆ 薊染付壺 近藤悠三（1902～1985）
（元清水小学校蔵）

染付け陶磁の人間国宝（重要無形文化財保持者）に選ばれた近藤悠三の一生は，苦労と努力の連続でした。京焼の本場・清水の地に生まれ，小学校卒業と同時に陶芸を始め，午前中はデッサン修業，午後は図書館通い，夜は先輩陶工の仕事場でアルバイトをするという「命がけの毎日」だったそうです。祖父は幕末の勤王の志士で，仲間を逃がした罪で幕府に捕らえられながら隠し通し，六角のろうごくで自害した清水寺の寺侍です。「じいさんのことを思えば，どんなつらいことでも辛抱できるわ」というのが，生前の近藤の口ぐせでした。

染付け
白い素地の上に，青色に発色する顔料で模様などを描き，釉薬（上薬）をかけて高温の窯で焼いた焼き物です。

京都 話のポケット
河井寛次郎と「木彫の猫」

焼き物の本場・五条坂に，陶工として活躍した河井寛次郎の旧宅を，そのまま記念館に改装した民芸調の建物があります。寛次郎は，一般庶民の生活用具の中に美を求めました。生家は安来節で知られる島根県安来で，代々大工さんをしていました。そのせいもあってか，たくましい陶芸作品だけでなく，木彫にも見事な作品を残しています。珍しいのが，家の廃材を使って彫刻した『猫』。病弱の一人娘が，可愛がっていた子猫がいなくなって悲しんでいるのを見かねて，1週間で彫り上げたのだそうです。お酒が入ると，故郷の安来節を歌い踊るという，人間味あふれる陶芸界の巨匠でした。

京都市の学校には，他にもたくさんの学校文化財や，昔の学習道具，教科書などが伝わっています。京都市学校歴史博物館を見学したり，ホームページ（http://kyo-gakurehaku.jp/）で調べてみたりしましょう。

◆油断大敵　西村五雲
(1877～1938)（元本能小学校蔵）

中京の染色業の家に生まれた五雲は，岸竹堂や竹内栖鳳に日本画を学び，帝展（現在の日展）で活躍し，美術学校で教えていました。1938（昭和13）年に61歳で亡くなるまで，晨鳥社を主宰し，山口華楊など，多くの日本画家たちを育てました。この作品は，1921（大正10）年，火災で焼失した本能小学校の校舎を再建するとき，西村五雲が学校から依頼されて描いたものです。記録によると，自分の家にウサギとカメを飼育して写生を続け，落成式の前日までに仕上げたということです。「ウサギとカメ」のお話を題材にしたこの作品で，最後までがんばることの大切さを子どもたちに伝えようとしたのかもしれません。

◆カーネーション　安井曾太郎
(1888～1955)（元生祥小学校蔵）

近代日本の洋画壇で「安井・梅原」と並び称されるほど，京都が生んだ安井曾太郎と梅原竜三郎の2人は，何かにつけて比較される巨匠です。安井は，1888（明治21）年，中京の木綿問屋の五男に生まれ，苦学しながら聖護院洋画研究所（のちに関西美術院）で洋画の修業をします。一方，下京の裕福な悉皆屋（生地の染め物や洗い張りをする店）に生まれ育った梅原も，同じ歳の安井と机を並べて研究所通いを続け，20歳の年に絵の勉強のためフランスに行きます。その1年前には，安井もフランスに渡っていました。2人は相前後して東京へ移住しますが，自由で大胆な色彩を使いこなす梅原と，澄みきった色彩の安井，という違いはあっても，どこか京都の風土にはぐくまれたにおいを感じさせます。

学校文化財　文化

それぞれの作品の由来や，作者と地域との関わりなどを調べてみましょう。地域で育った芸術家やその作品を，より身近に感じることができます。

6. 京に育ち息づく伝統文化

6-1 心を大切に人をもてなす茶道

　茶は，奈良時代に日本人の僧が中国から持ち帰ったとされていますが，記録に残っているのは平安時代の嵯峨天皇のころで，一部の貴族や僧侶だけが飲んでいたようです。

　鎌倉時代になると，僧の栄西（「ようさい」とも）が中国の宋から茶種を持ち帰り，喫茶法（茶の効用や飲み方）を伝え，飲み物として広まっていきましたが，はじめは薬として用いられたようです。

◆ 千利休画像 （長谷川等伯筆／不審菴蔵）

千利休

1522年，和泉国の堺（現在の大阪府堺市）に生まれました。幼いころから茶を学び，武野紹鷗の弟子になりました。大徳寺で禅を学び，後に，織田信長に茶道役として仕えました。しかし，大徳寺の三門（山門）に自分の像を安置したことが豊臣秀吉の怒りをかったと言われており，秀吉の命令で切腹させられました。

◆ 裏千家の茶室「今日庵」（茶道資料館提供）

◆「飲む」風習から茶道へ発展

室町時代には，闘茶といってお茶の種類をあてる遊びが，武士や商人の間で流行しました。やがて，お茶を飲む習慣は町の人々にも広まっていきました。

大勢でにぎやかにお茶を飲む茶会に対して，静かな雰囲気の中で一服のお茶を味わうことを「わび茶」といいます。茶事のもとは，大徳寺の一休に禅を学んで，草庵茶をはじめた村田珠光とされています。小さな茶室で簡単な食事をいただき，静かに茶をたてるというもので，珠光の草庵茶の方式は，武野紹鷗によってわび茶となり，千利休に受け継がれて大成していきます。

◆茶道の作法を学ぶ児童ら

京都市では学校の先生が「京都市学校茶道研究会」をつくっています。機会があれば，ぜひ，茶道を体験してみましょう。

利休を祖とするのは「表千家」「裏千家」「武者小路千家」で，三千家といいます。また，利休の弟弟子は，藪内家をおこしました。こうして，お茶を飲む風習は，心を大切にする茶道にまで発展しました。

茶道文化

京都話のポケット　灯火だけで行う〝夜咄の茶事〟

冬の日没ごろから行われるのが夜咄という茶会です。夜話茶会とも書くとおり，夜，食事のあとに話をしながらお茶を楽しみます。ふつう，茶室には電気がありませんから，昔ながらのろうそくなどの明かりでお茶をいただきます。

6-2 日常生活に入り発展した華道

　華道は、いつごろから始まったのでしょうか。また、どのように広まっていったのでしょうか。

　平安時代、浄土信仰とともに仏前に花をそなえる「供華」が一般化されました。また、貴族の間で遊びのひとつとして、花の美しさをきそう花合わせが行われました。

　室町時代中ごろになると、武家建築様式の書院造が発達し、床の間や違い棚に花を飾るようになりました。やがて、日常の生活の場にも草花を飾ることが習慣となって、広まっていきました。これが華道の始まりです。華道の成立とともに、飾り方や華道の心を説いた書「花伝書」がつくられました。

　京都の六角堂（頂法寺）の住職・池坊専慶は、法会などの催しに花を立てる「立花」にすぐれていて、後に生け花は池坊の家業となりました。その後、町人の住宅にも床の間がつくられるようになると、生け花は町人の芸として普及していきました。池坊は、技術の上達にあわせて「華道」の免許を授ける家元制度をつくり上げました。

　江戸時代中期ごろから、床の間に飾る生け花として「生花」が流行し、家元制度も根付き、華道はたいへんな勢いで全国に広まっていきました。近代以降、しだいに華道は日常生活に欠かせない身近なものと考えられるようになりました。

　明治になると、男性が大部分を占めていた華道が、女学校の教科にとり入れられ、それ以後、女性の習い事として広まっていきました。京都には数多くの華道の家元があり、京都を中心に活動する33流派が集う展覧会が毎年開催されています。

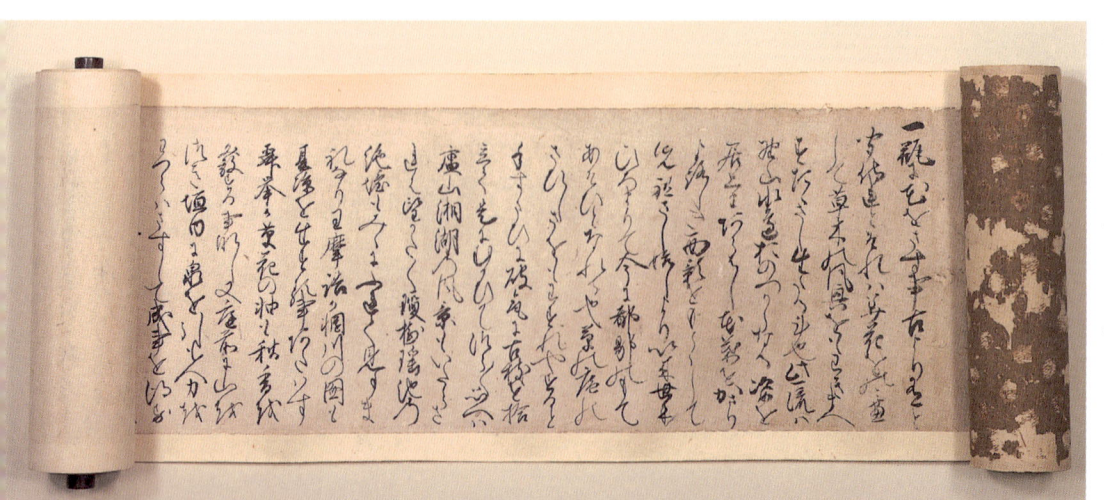

◆池坊専好立花五十四瓶図
（部分／華道家元池坊総務所蔵〈下写真も〉）

◆池坊専応口伝
池坊に伝わる花伝書（写し）で、生け花の理論を書き表した初めての書物です。

6-3 みやびな雅楽　日本古来の邦楽

　雅楽には，我が国に古来からあった舞楽，奈良時代・平安時代に中国大陸や朝鮮半島などから伝えられた音楽と舞，平安時代に作られた歌曲などがあります。雅楽は，宮廷はもちろん，寺院や神社において盛んに演奏され，今に伝えられています。雅楽の表現には，「舞楽」「管絃」「歌謡」の3つの形態があり，有名な「越天楽」は管絃の曲です。「管絃」は楽器だけの演奏表現で，「三管両絃三鼓」で演奏されますが，管楽器，絃楽器，打楽器による編成は，西洋音楽のオーケストラと同じです。

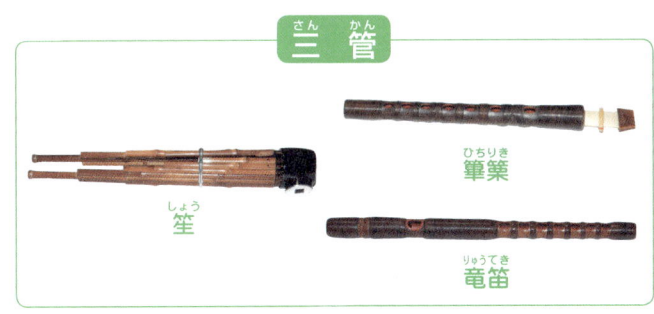

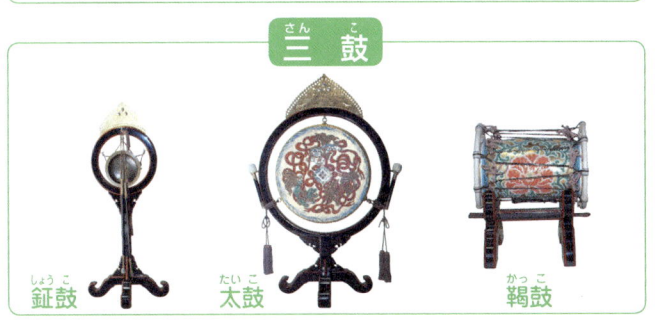

◆雅楽の演奏会（いちひめ雅楽会提供）

三管
- 笙
- 篳篥
- 竜笛

両絃
- 楽琵琶
- 楽箏

三鼓
- 鉦鼓
- 太鼓
- 鞨鼓

◆三味線・箏・尺八で「三曲」

　明治以来，西洋社会から日本に入ってきた音楽を「洋楽」と呼ぶのと区別して，日本古来の伝統音楽は「邦楽」と呼ばれるようになりました。日本の伝統的な楽器が用いられるのはもちろんですが，その伝統楽器の中でも三味線，箏（琴），尺八か胡弓の3種類の楽器による合奏を，とくに「三曲」といいます。

華道・雅楽・邦楽　文化

6-4 無形文化遺産の能・狂言

◆600年の歴史，歌舞劇の能

能は，今からおよそ600年ほど前の室町時代に，観阿弥・世阿弥親子により大成された，謡（能などの歌唱，謡曲）と舞を中心にした歌舞劇です。能楽堂と呼ばれる専用の劇場を舞台に，『平家物語』や『義経記』『伊勢物語』『源氏物語』など日本の古典文学をはじめ，中国の歴史書，民間伝説などに登場する人物をシテ方（主役）が仮面をつけ，はなやかな装束を着て，演じます。

舞台は非常に簡素で，大がかりな装置や道具は用いません。観客はシテ方たちの謡を耳にし，舞を目で楽しみながら，舞台上の人物が今どんな状況におかれ，どのような感情を抱き，何をしようとしているのかなどを想像し，イメージをふくらませるのです。

狂言も含め能楽は，2001（平成13）年にはユネスコの無形文化遺産に登録されました。

▶華麗な装束を着て演じられる能舞台
（金剛能楽堂提供）

◆能には5つの流派

能には観世・宝生・金春・金剛・喜多という五つの流派があり，京都では，観世流と家元が本拠を構える金剛流がよく活躍しています。

◆主役のシテ方中心に舞台構成

中心的な存在はシテ方で，舞台で主役のほか，地謡の斉唱グループにも加わります。ワキ方は旅の僧などの役で出て，シテから話を聞き出したり，シテが鬼などの化身役であれば，その退治役をもつとめます。能の舞台を演奏で盛り上げるのが，囃子方4人です。笛・小鼓・大鼓・太鼓の和楽器を舞台後方ではやし，狂言方は劇の進行や物語の解説役としても欠かせない存在です。

京都話のポケット　ブームの火付け役「京都薪能」

京都薪能は，毎年6月1・2日の夜，左京区岡崎の平安神宮で開かれます。京都の文化と観光を盛んにしようと，1950(昭和25)年に開いたのが始まりです。野外で繰り広げられる幻想的な行事が評判となり，全国に薪能ブームを呼び起こす火付け役になりました。

もとは，奈良・興福寺の修二会で行われていた行事でしたが，京都薪能はそれにならって企画されました。毎年，夕方から能を始め，日が暮れるとかがり火をたき，照明の代わりとします。その火入れの儀式は，オリンピックの聖火をヒントに関係者が考案したそうです。

◆こっけいな会話劇，狂言

狂言は，能と同様に猿楽から発展しました。能が劇的な要素を伴った歌舞劇として発展したのに対して，狂言は風刺（社会や人などを批判すること）を交えたこっけいな会話劇として成長しました。能に悲劇が多く，狂言は喜劇といわれるのもそのためです。能楽堂で能と能の間に上演されるほか，最近は狂言だけの会も全国で盛んに開かれるようになりました。京都では大蔵流茂山家の狂言役者が舞台で笑いをふりまいています。

◆風刺も交えたこっけいな会話劇の狂言（茂山狂言会提供）

「太郎冠者」は一番の人気者

狂言の舞台には，いろんな人物が登場します。大名も僧侶も山伏も商人も泥棒も出てきますし，人間ばかりかサルやキツネ，タヌキ，キノコに木の実など動植物まで姿を見せます。しかし，その中でも一番の人気者は太郎冠者でしょう。大名とか大きな家の主人に仕える召使という役柄。200を超える狂言の演目の中で，半分ぐらいはこの太郎冠者が主役をつとめています。あわて者で，失敗ばかり繰り返し，主人からお目玉を食うことが多いのですが，なかには気転のきく太郎冠者も。ふだん威張り散らす主人をやりこめて，うっぷんを晴らすという，狂言の世界の大スターです。

◆芸妓さん、舞妓さんがあでやかな舞を見せる「都をどり」（祇園甲部歌舞練場）

6-5 あでやかな京の花街の舞

京都をつなぐ無形文化遺産
（→111ページ参照）

◆130余年の歴史「都をどり」

　寺や神社のほかに，観光客に人気が高いのが，4月1日から1カ月間開かれる祇園甲部の「都をどり」や，春や秋に開かれる先斗町の「鴨川をどり」，宮川町の「京おどり」，上七軒の「北野をどり」，祇園東の「祇園をどり」です。それぞれの花街の芸妓さん・舞妓さんたちによる豪華であでやかな舞踊の会が催され，観客を楽しませています。

◆色あざやかな「花かんざし」
月ごとに舞妓さんが髪につけるかんざしが変わります。

　中でも最も歴史が長いのは，「都をどりは，ヨーイヤサー」のかけ声で始まる「都をどり」です。1872（明治5）年，1000年以上も続いた都が東京に移り，町が寂しくなるのを心配した京の人々が，知恵を出し合って博覧会の余興のひとつとして開催したのが始まりです。以来，戦時中をのぞき，ほぼ毎年春に開かれています。振付は，代々の京舞井上流家元・井上八千代さんが担当しています。

5花街の主な舞踊の会		
●都をどり	4月1日～30日	祇園甲部歌舞練場
●鴨川をどり	5月1日～24日	先斗町歌舞練場
●京おどり	4月第1土曜～第3日曜	宮川町歌舞練場
●北野をどり	3月25日～4月7日	上七軒歌舞練場
●祇園をどり	11月初旬	祇園会館

◆阿国歌舞伎図（京都国立博物館蔵）
舞台中央が男の姿をした女優で，右にいるお茶屋のおかみさんと戯れています。左側の床几をかついでいるのが道化役（ピエロ）です。建物の外には舞台を見ようと集まってきている人の姿が描かれています。

6-6 京で約400年前に誕生した歌舞伎

◆ 阿国の「かぶき踊り」が始まり

歌舞伎は，今から約400年前，出雲阿国が北野天満宮の境内で「かぶき踊り」を踊ったのが始まりです。出雲大社の巫女（神に仕える女性）を名乗る阿国は，当時の若者の間に流行した南蛮風の衣装に飾り物や刀を身につけ，男役に変装して舞台に登場しました。時代に傾（かぶ）いた（「新奇な」という意味で，これが歌舞伎の語源にもなった）服装や大胆な踊りが京都の町の人々の間でたいへんな人気を呼びました。阿国が都から姿を消してからも，四条河原でそのまねをする女かぶきの一座は，後を絶たなかったといわれます。

◆出雲阿国の像（四条大橋東詰）

◆ 庶民の娯楽だった

江戸時代，能は主に武家社会の厚い保護を受けましたが，歌舞伎は主として庶民の娯楽として発展していきました。

2005（平成17）年には，能楽と同じくユネスコの無形文化遺産に登録されました。

京都 話のポケット

南座の「まねき」が招くよ

京都の師走の風物詩，南座の「まねき」。その年の顔見世に出演する歌舞伎役者の名が1枚ずつ筆太の字で丸く大きく黒々と書かれています。歌舞伎独特の勘亭流という書体で，お客を招くための宣伝看板でもあります。

ひのきの一枚板で，長さ1メートル80センチ，幅32センチ，厚さ3.3センチ。毎年，11月下旬には南座の正面に60～70枚が，2段にわたって掲げられます。顔見世が終わった後も保管して，翌年はまた表面を削り，出演役者の名を書き改めて，5年間は同じ板を使うといいます。歌舞伎の世界でも昔から資源を大事に活用してきたのですね。

文化　花街の舞・歌舞伎

◆「勧進帳」錦絵（伊藤友久コレクション蔵）　安宅の関所を通過しようとしている山伏姿の義経（左から2人目）と弁慶（中央）に，関守の富樫が立ちふさがる場面が描かれた歌舞伎の中でも人気の作品です。

◆題材は多岐にわたる歌舞伎

　歌舞伎の舞台でとりあげられる内容は，実にさまざまです。江戸時代の人々にとっては，歌舞伎は現代劇でもありましたから，当時の都市や農村の日常生活や家族関係，恋愛物語，さまざまな事件，武家社会の出来事を描いた作品がたくさんあります。ほかにも，怪談ものや源義経の時代などをテーマにした歴史劇，神話時代の英雄物語，命を助けられた動物が人間に恩返しをする話など，題材は多岐にわたっていました。

　劇場の機構にも様々な工夫が施されました。舞台から伸び客席を貫く花道や舞台が上下したり回ったりする仕掛けなどが次々と生まれ，演出の幅を大きく広げていきました。歌舞伎の音楽や効果音はすべて生演奏です。舞台の下手にある黒いすだれのかかった小さな部屋の中で演奏されており，客席から見ることはできませんが，録音された音楽とは違う臨場感は音だけでも十分に伝わってきます。

◆京の藤十郎，江戸の団十郎

　歌舞伎400年の歴史の中で，代表的な役者2人を紹介しておきましょう。ひとりは京都出身で，商家の若だんな役を得意とした初代坂田藤十郎。もうひとりは江戸の初代市川団十郎で，藤十郎とは対照的に，スーパーマンのような超人的な役柄を開拓した役者です。2人とも，歌舞伎が大きく飛躍した元禄時代の人で，藤十郎は「和事」の芸を，団十郎は「荒事」の芸をつくりあげ，今日の歌舞伎の基礎を築いたことでとても有名です。

　坂田藤十郎の名跡（代々受け継がれる名前のこと）は，京都生まれの中村鴈治郎が，2005（平成17）年，231年ぶりに受け継いで，4代目を名乗りました。また，市川団十郎の名跡は12代まで受け継がれていますが，現在は空席となっています。

◆師走の風物詩，南座「顔見世」

　四条大橋東詰めにある南座は，建築物としては何度も建て替えられていますが，江戸時代初期からずっとこの場所にあったという意味で，日本最古の劇場といっても差し支えありません。

　南座では，毎年12月に顔見世興行が開かれてきました。昔は，劇場の向こう1年間の専属の役者を舞台で紹介するのが顔見世でしたが，今はすべて「松竹」という興行会社の専属です。そのため，顔見世の意味も，年に1度，京都で大顔合わせの歌舞伎公演を開く，というふうに変わってきました。

◆「まねき」の看板が掛かっている南座
（平成17年度公演から　松竹提供）

◆重要有形民俗文化財「子育て祈願絵馬」（三宅八幡宮蔵）

6-7 地域に根付いた民俗文化財

　上の写真は，三宅八幡宮（左京区）に納められている大絵馬です。三宅八幡宮は，子どもの疳の虫（すぐ怒りだす性質のこと）封じの神として，江戸時代の終わりごろから，京都市内を中心に広く信仰を集めました。三宅八幡宮には，こうした大絵馬が100点以上あり，この大絵馬は子どもの成長を祈願して，町内，仕事仲間，親戚一同などが奉納したものです。当時の子どもの服装や遊びの様子，名前なども知ることができる貴重な資料です。

　京都市の寺院や神社には，昔の生活や文化の様子を知ることができるものがたくさん残っています。その中で特に貴重とされるものが，「民俗文化財」として国や府・市から指定，または登録されています。

　民俗文化財には，形のあるもので残っているもの（有形民俗文化財）と，形のないもので残っているもの（無形民俗文化財）があります。

　三宅八幡宮の絵馬は，2001（平成13）年に京都市の有形民俗文化財に指定されました。また，2009（平成21）年には国の重要有形民俗文化財にも指定されました。

　無形民俗文化財は，人から人への言い伝えの中で引き継がれてきました。地域に伝わる行事や祭りの中にたくさんあります。

＊「民俗」とは，「民間の習慣や風習」という意味で，庶民によって受け継がれてきたならわしのことをいいます。

京都市内の無形民俗文化財としては，仏の教えを広めるために行われてきた大念仏狂言が有名です。「壬生大念仏狂言」（壬生寺），「嵯峨大念仏狂言」（清凉寺）「千本ゑんま堂大念仏狂言」（引接寺），「神泉苑大念仏狂言」（神泉苑）があります。

　学校がなかったころには，芸能や祭りを通して，年齢の上の人が下の人にきまりや習わしを教えていました。町や村に必要な人間を，生活の中で育てる役割を担っていたのです。

　わたしたちの生活の中には，地域に根ざしたさまざまな文化や伝統が受け継がれています。

◆ 狂言「炮烙割」を演じている場面（壬生寺提供）

【京都市の（指定・登録）民俗文化財】

有形民俗文化財：●八瀬かまぶろ（登録）　●久多の山村生活用具（登録）
　　　　　　　●崇仁船鉾・十二灯装飾一式（登録）　●伏見の酒造用具（指定）
　　　　　　　●桃山天満宮の奉納大工道具（指定）　など

無形民俗文化財：●千本ゑんま堂大念仏狂言（登録）　●五山送り火（登録）
　　　　　　　●おけらまいり（登録）　●鞍馬火祭（登録）　●一乗寺鉄扇（登録）
　　　　　　　●松ケ崎題目踊・さし踊（登録）　●松上げ行事（登録）
　　　　　　　●御香宮祭礼獅々（登録）　など

【京都をつなぐ無形文化遺産】

京都をつなぐ無形文化遺産

　京都に伝わる無形文化遺産の価値を見つめ直し，広く魅力を発信するとともに，大切に引き継いでいくために京都市が行っている取組。

選定された文化遺産：●京の食文化　●京・花街の文化　●京の地蔵盆
　　　　　　　　　●京のきもの文化　●京の菓子文化　●京の年中行事

京都 話のポケット　珍しいお勤め「空也踊躍念仏」

　平安時代中期，空也が都に広がった悪い疫病から人々を救いたいと願って始めた念仏です。僧侶が，かねを鳴らしながら体を揺らして念仏を唱える，とてもめずらしいお勤めです。鎌倉時代初め，念仏を唱えることのできない時期があり，六波羅蜜寺の住職はこの念仏を絶やすことはできないと，薄暗い夕暮れどきに，外部に聞かれてもわからないように「南無阿弥陀仏」を「モーダナンマイトー」と唱え，伝え続けてきました。この念仏は，空也踊躍念仏（かくれ念仏）と呼ばれ，現在，「京都の六斎念仏」の一つとして国の重要無形民俗文化財に指定されています。（→96ページ参照）

産業
受け継がれる京の産業

1. 匠の技 京の伝統工芸

1-1 巧みに織りなす伝統の西陣織

左の写真は西陣織の能装束です。唐織といわれる西陣織の技術の粋を集めてつくられた工芸品です。

西陣の織物は，大陸からやってきた秦氏の一族が，京都に住み，養蚕と絹織物の技術を広めたのが，始まりといわれています。

◆ 能装束（山口安次郎さん制作）

◆「応仁の乱」西軍陣地跡で発展

1467（応仁元）年に「応仁の乱」という戦乱が起こり，東軍と西軍がそれぞれ陣を構えて争いました。京都の町中が火の海となり，平安時代から朝廷の織物などを織っていた優秀な織物職人たちは京都をはなれて，堺など各地に散ってしまいました。

戦乱が終わって，織物職人たちは再び京都に戻り，織物業を再開しました。その再開した場所が西軍の陣地跡だったことから，「西陣」と呼ばれるようになったのです。

「西陣」と呼ばれるようになってからでも，すでに550年余りの歴史があるのです。

◆コンピューターも使い生産

西陣織は，あらかじめ原料となる絹糸を染めてから織る「先染紋織物」です。明治時代の初めに，フランスからジャカードという機械をいち早く導入して，紋紙という穴を開けたパンチカードで，自動的に複雑な柄を織り出せるようになり，日本の絹織物の先進地になりました。

現在では，コンピューターグラフィックスを活用して紋紙に代わって専用ディスクやSDカードが主流となり，この結果，多くの品種を少量生産したり，さまざまなデザインや色をつくりだせるようになりました。

綴機（つづればた）

熟練した職人が下絵にあわせて丹精込めて，1本1本，よこ糸をたて糸に通し，すべて手作業で織り上げていく伝統的な方法です。

手機（てばた）

丸穴を開けた紋紙を使い手作業で織る方法です。今は，紋紙の代わりに専用ディスク等を使うのが主流です。

力織機（りきしょっき）

動力を使って，機械で織る方法です。これも，紋紙の代わりに専用ディスク等を利用しています。

西陣織の代表的な製品として帯があげられますが，明治以降，ネクタイや室内インテリアなど新しい製品もつくられています。

◆帯　　◆ネクタイ

◆学校で手織りを体験する児童たち（室町小学校）

◆数々の工程と専門技術が結集

　西陣織が商品として完成し，織元から出荷されるまでには，企画から仕上げまでに10以上の工程があります。これらの工程は，高い伝統技術を受け継ぎ，身につけた多くの専門家たちによって，さらに細かく分業されています。
　西陣織が日本だけでなく，世界的な織物として認められているのは，こうした人々の心と技の結集があるからなのです。

西陣の町を歩くと「カタン，カタン」と今も機を織る音が聞こえてきます。一度，西陣の町を歩いてみてはどうでしょうか。きっと，町家の残る通りや路地の奥から日本の衣の文化の香りが漂ってきますよ。また，西陣織会館にも，ぜひ行ってみましょう。展示物や「きものショー」を見ることができるだけでなく，手織りや着付けの体験もできます。

西陣織会館／京都市上京区堀川通今出川下ル　TEL(075)451-9231　http://www.nishijin.or.jp

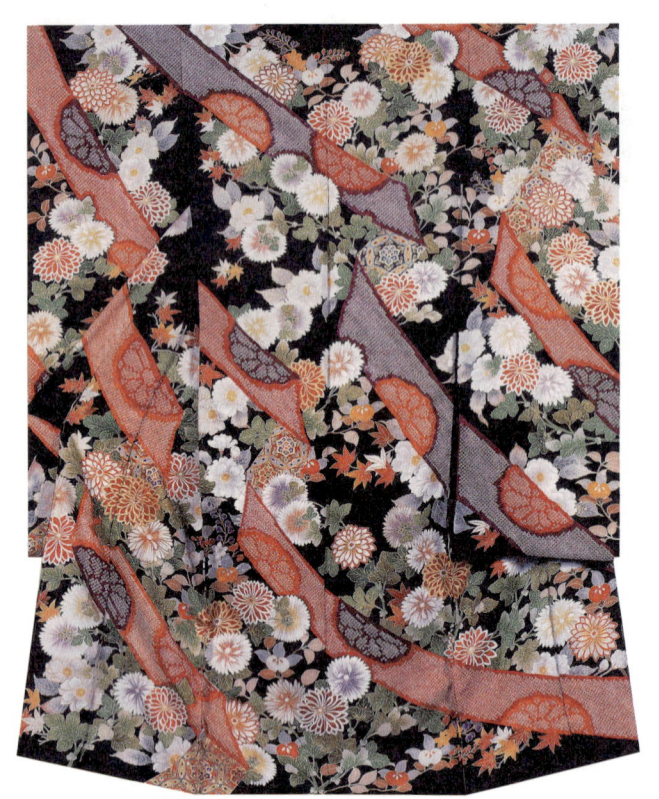

◆京友禅の着物（京都工芸染匠協同組合提供）

1-2 色鮮やかな京友禅

　美しい模様や鮮やかな色あいをもつ京友禅は，どのようにして生まれ，伝えられてきたのでしょうか。

◆生みの親・宮崎友禅斎

　江戸時代中期，京都の知恩院前に，宮崎友禅斎という町絵師が住んでいました。友禅斎は，もともと扇に絵を描く職人でしたが，扇いっぱいに自由に描かれた絵が大評判となり，扇だけではなく，着物の染め模様としても注文されるようになりました。絵のような美しい模様染めは，それまで織物中心だった着物に大きな影響

京都 話のポケット　風呂に敷いたから「ふろしき」

　いちばん身近な布地といえば，ふろしき。語源は風呂にあります。室町時代の蒸し風呂で，床から上がってくる蒸気を和らげるために，床に敷いた布が，その始まりといわれています。
　当時の将軍足利義満の屋敷にあった大湯殿では，大名たちは衣服を家紋が入った布に包んでおいて入浴し，湯上がりにはこの布の上で体をふいたと伝えられます。
　西本願寺の飛雲閣には，豊臣秀吉が好んで使ったといわれる浴場・黄鶴台が残されていて，これにまつわる話もあります。この風呂は，床に布を敷いて座る仕組みでしたが，秀吉はその布で包まれるほど小柄でしたので，物を包む布をふろしきというようになったのだということです。いずれにしろ，ふろしきは大きい物も小さい物も包める便利なものです。昔の家には，大小のふろしきがいくつもありました。ふろしきの良さを見直しませんか？

◆友禅染ふろしき「御所人形」

を与えました。以後，染め色柄を宮崎友禅斎の名からとって「友禅」と呼ぶようになりました。

京友禅には，米ののりを使って，にじまないように色を付ける工夫が取り入れられました。これによって，絵を描くように，思いのまま布を染めることができたのです。自由で斬新なデザインと新しい技術とを合わせもった画期的な模様染めの京友禅は，人々に受け入れられ，友禅斎は当時のトップデザイナーとして人気を集めました。

また，金・銀箔を加えたり，刺繍をして豪華さを出す工夫も行われました。

京友禅には，下絵を描いて色を挿す「手描友禅」と，型紙によって友禅模様を写し取る「型友禅」があります。明治に入って「型友禅」が考案されたことによって大量生産が可能になり，京都はさらなる友禅の大生産地になった一方，「手描友禅」も，京都のすぐれた日本画家たちと結びつき，染色美術の一級品として評価を得るようになりました。

戦後の服装の変化とともに，着物を着る機会も減りつつありますが，友禅斎の自由で斬新なデザインは，現在では着物だけでなく，バッグやふろしきをはじめ，Tシャツなどの若者ファッションやタペストリー，スカーフなど小物類といった，現代ファッションの世界に生かされています。また，修学旅行生などにも，ハンカチやTシャツなどを自分で染める「友禅染体験」が，人気の的になっています。

手描友禅

模様部分に筆やハケを使って，色をつけていきます。

型友禅

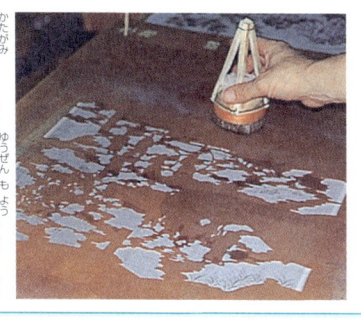

型紙によって友禅模様を写し取ります。

産業　京友禅

京都話のポケット　なぜ着物は「右前」に着る？

着物は，男女とも右前に襟合わせをして，つまり相手から見て右の襟を上にして着るのが正解です。洋服の場合は，男女で襟合わせが異なります。身近なところで確かめてみましょう。では，なぜ着物は右前に着るのでしょうか。奈良時代に，唐（当時の中国）のやり方に合わせて，襟合わせは右前にすることと決まったそうです。ところが亡くなった人に着せる経帷子の合わせ方は，左前にします。生と死が反対ですから，会社の経営が苦しくなると，「左前になった」といわれるのも，着物からきた言葉のようです。

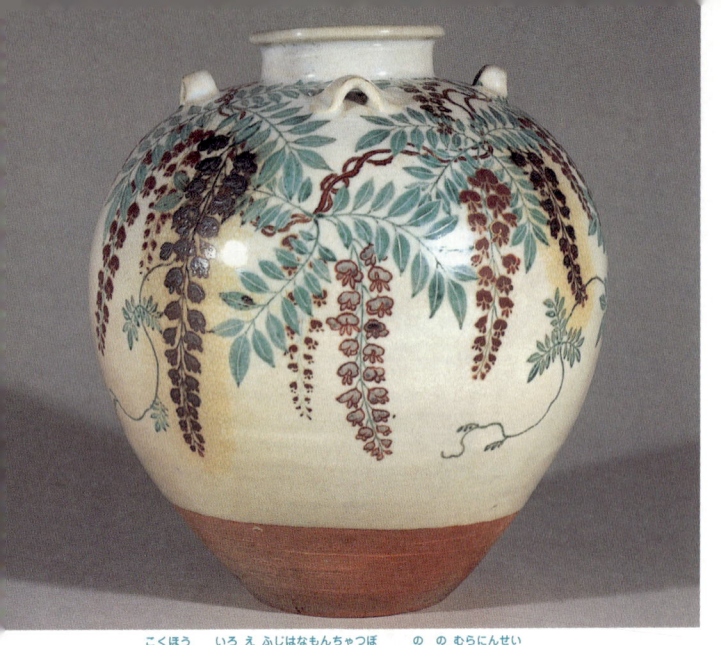

1-3 京焼・清水焼
色と形は歴史がつくる

◆国宝　色絵藤花文茶壺　野々村仁清（MOA美術館蔵）

> **＜焼きものの分類＞**
> 焼きものは大きく「陶器」「磁器」「炻器」「土器」にわけられます。四つのうち私たちの生活と関わりの深いものは、陶器と磁器です。陶器と磁器の大きな違いは、たたいたときにはっきりとわかります。陶器が鈍い音を発するのに対し、磁器は金属音のような鋭い音がします。一般に「陶磁器」というときには、両方をさしています。

　「京焼」という言葉は、京都でつくられる焼きものの総称として使われています。なかでも「清水焼」は、その代表として広く知られていますが、もともとは、清水寺周辺で焼かれたものをさして清水焼と呼んでいました。
　現在では、清水焼団地（山科区）や、五条坂・日吉地区・泉涌寺（東山区）、さらには宇治市炭山などでつくられたものもあるため、広く京焼・清水焼と呼ぶようになりました。

◆京の色彩感覚が生んだ陶器

　古くから深い関わりがあった中国や朝鮮の影響を受けながらも、京都では、独特の風土と歴史によって育て上げられた色彩感覚により、色鮮やかな焼きものがつくられるようになりました。
　本格的な陶器の生産が始まったのは、安土桃山時代を迎えてからでした。この当時

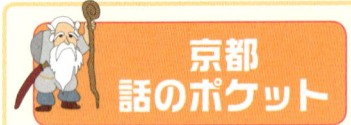

京都　話のポケット　「登り窯」は〝炎と人の芸術〟

　登り窯は、陶磁器を焼く窯のひとつです。今でこそ電気・ガスなどをエネルギーとした焼き方に変わってきましたが、この窯は、昔ながらの薪が燃料で、桃山時代からの歴史があります。山すその傾斜に沿って粘土で階段状に築き、下室から順番に上室に向かって焼き上げていく方式です。使用される燃料は赤松で、これを約半年間乾燥させ、数日間かけて夜通し焼きつくします。便利な現代の窯とは違い、人が付ききりで燃焼具合を見て、炎の風合いを器に刻んでいく、まさに炎と人が織りなす芸術でしょう。こうした登り窯は、東山区ではいくつか残されていますが、住宅地にあることから今は使われていません。

は、千利休らの活躍によって、茶道が一般的に行われるようになり、茶会の席で使われる器の製作が主流でした。

江戸時代に入ると、これまでにない形と鮮やかな色彩をもった「古清水」と呼ばれる陶器が焼かれるようになりました。現代の京焼・清水焼に通じる古清水の作風に大きな影響を与えた人物が、野々村仁清（清右衛門）です。仁清の出現は、それまで茶器の製造が中心だった京都の陶器づくりを、茶道の文化にとらわれないものへと発展させたのです。

◆乾山色絵菊文向付　尾形乾山（五島美術館蔵）

また、仁清と並んで評価を得たのが、尾形乾山です。乾山は、仁清のもとで焼きものの技術を学び、さらにそれを発展させ、独特な焼きものの世界を見いだしました。有名な絵師の尾形光琳を兄にもつ乾山は、光琳が絵付けしたものに乾山が書を寄せるといった作品を数多く残しています。

江戸時代末期になると、色絵を施した陶器の製造から中国風の磁器に主流が移ります。明治時代に入ると、京都の焼きものは、伝統的な技法を守り続ける一方で、ヨーロッパの科学的な技法を取り入れたり、工業的な生産に着手したりしました。その例として、西洋の新しい技術を導入したこと、工場で生産して海外への輸出を本格化させたこと、京都陶器会社を設立して、輸出向けの洋食器の製造を始めたことなどがあります。

京都の陶磁器は、大正時代中ごろに全盛期を迎えました。優れたデザイン性と手づくりによる味わい深さは、現代の名工たちによって引き継がれ、多くの人々に愛され続けています。

産業　京焼・清水焼

◆五条坂陶器まつりの様子。お店の人にかけあうと、まけてくれることもありますよ。

毎年8月7～10日に催される「五条坂陶器まつり」を知っていますか。この陶器まつりは全国最大規模の陶器市で、約400店もの出店があります。実用品から高級な作品まで、数多くの陶器が並べられ、たくさんの人でにぎわいます。

117

◆京の伝統の技が生かされた，さまざまな京仏具

1-4 分業で発展した伝統産業製品

　京都の伝統産業は，人々の生活用具として，また宗教の儀式用品，趣味や遊びの用具として発展してきました。伝統工芸品の多くは，さまざまな工程を，それぞれ専門の職人が担当する分業制によってつくられています。ひとつひとつに手づくりのぬくもりが感じられ，美しく，また丈夫でもあります。

　しかし，経済の成長や技術の発達によって安価な製品の大量生産が始まり，伝統工芸品の生産量は急激に減り，貴重な技術を受け継ぐ後継者（あとをつぐ人）も少なくなりました。

　そこで，歴史の中で育てられた技術を守っていこうという国の法律が，1974（昭和49）年に制定されました。この法律を「伝統的工芸品産業の振興に関する法律」（伝産法）といいます。この伝産法に基づいて国から指定された工芸品は，京都では西陣織のほかに，京仏具や京うちわなど17品目あります。

◆仏教の中心地で発達，京仏壇・京仏具

　寺院で用いられる仏具の歴史は，仏教の伝来とともに始まりました。平安時代になると，仏教の中心地は京都に移り，燭台（ろうそく立て）や香炉，鉦，数珠といった仏具も京都で発達します。平安時代の貴族たちは，競って自分の屋敷内にお堂を建て，仏像をまつりました。これが京仏壇の起源といわれます。

江戸時代になると，さまざまな宗派が生まれ，人々の間に広まっていきました。庶民の家にも仏壇が置かれるようになり，いろいろな宗派の本山（中心となる寺院）が集中し，たくさんの寺がある京都で仏壇生産は大きく発展します。分業体制はますますきめ細かくなり，京都は洗練された高級仏具・仏壇の生産地となりました。
　京仏壇づくりは，分業制がもっとも発達した分野といわれます。金属を扱う鍛冶や金工，木材を扱う木工，漆を扱う漆工など，それぞれの高度な技術が集まって，見事な京仏壇が完成します。そうした各分野の技術は，日本刀や彫刻，漆器，蒔絵といった日本独自の工芸品としても発展しました。家に仏壇がある人は，どこにどんな技術が使われているか調べてみましょう。

◆身近な工芸品「京うちわ」

　うちわは，暑い夏に風を送る道具としてだけではなく，魔を払うものとして神事や祭事などで，装飾品としても使われていました。戦国武将が軍隊を指揮するために持っていた軍扇，すもうの行司が持つ軍配など，昔からさまざまな場面で，いろいろなうちわを見ることができます。
　なかでも，京うちわは華やかな飾りが施され，宮廷に出入りしていた土佐派や狩野派といった絵師たちによって絵が描かれた，とても豪華なものでした。京うちわは，中骨と柄を別々につくり，あとから柄を差し込むのが特徴で，「御所うちわ」とも呼ばれました。京都の風景，俳句や和歌，四季の花々などが描かれたとても美しい京うちわは，京都の優れた工芸技術を身近に伝えてくれる伝統工芸品です。

京都話のポケット　和ろうそくの灯，消さないで

　毎朝，仏壇のろうそくに火を灯し，線香を立て，炊き立てのご飯を供えてご先祖にお祈りするのが，昔からのならわしです。最近の仏壇は，火事を防ぐためにろうそくの代わりに豆電球を使ったものが普及してきました。ある日，自分の家の仏壇が電球のろうそくに代わったことを知らないで，ろうそくで線香に火をつけようとしてビックリした，という笑い話もあるそうです。伝統工芸品である和ろうそくを安全に使って，もっとその良さを楽しみたいですね。

1-5 「伝産法」に基づくその他の工芸品

京鹿の子絞

きものや帯揚などに使われる平安時代からの染色技法のひとつ。生地をぬいしめたり，しぼったりすることで生地に凹凸の立体感をもたせるのが特徴です。

京黒紋付染

結婚式や葬儀など，儀式のときに着る家紋のついた黒い着物です。色の深みを出すために，赤や青に染めてから黒色に染め，紋章を染め抜きます。

京小紋

きものに使われる染色技法で，江戸時代の武士が着ていた裃をもとにしています。細やかな模様の図案が彫られた型紙を使って染められます。

京漆器

木地に漆を塗ったもので，奈良時代に中国から伝わった技法を基に，独自の技術が発達しました。食器類や茶道具，家具などが生産されています。

京くみひも

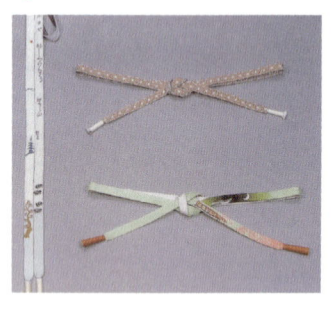

絹糸を組み合わせてつくる紐で，帯締めや羽織の紐などいろいろなところに使われています。奈良時代に中国から伝わり，江戸時代には庶民にも広まりました。

京指物

指物とは，板を組み合わせてつくる家具や道具のことで，平安時代の宮廷文化から生まれました。たんすや机，茶道具などがあります。

京繡

日本刺繡のことで，貴族の着物や武具などに活用され，発展してきました。絹や麻の織物に絹糸・金糸・銀糸などを使った刺繡には，15種以上の技法が使われています。

京扇子

9世紀ごろ，日本で生まれ，主に貴族の間で使われて発展しました。涼しさを呼ぶ夏扇のほか，舞扇，飾扇など多くの種類があります。

京人形

平安時代の貴族社会で用いられた「ひいな人形」がはじまりで，江戸時代から盛んにつくられるようになりました。雛人形・五月人形・御所人形・市松人形・風俗人形などがあります。

京石工芸品

平安京遷都をきっかけに，宮殿・邸宅や寺院が建てられ，石の工作も盛んになりました。石仏，石灯篭，石鳥居などが製作されています。

京表具

表具とは掛け軸，びょうぶ，ふすま，巻物などをまとめていいます。古くから京都を中心に発展し，日本建築と深い関係をもっています。

◆その他の京都の伝統産業製品

- 京房ひも・撚ひも
- 京陶人形
- 京都の金属工芸品
- 京象嵌
- 京刃物
- 京の神祇装束調度品
- 京銘竹
- 京の色紙短冊和本帖
- 北山丸太
- 京版画
- 京たたみ
- 京袋物
- 京すだれ
- 京印章（印刻）
- 工芸菓子

- 京竹工芸
- 珠数（京都以外は数珠）
- 造園
- 薫香
- 伝統建築
- 額看板
- 菓子木型
- かつら
- 京金網
- 唐紙
- かるた
- きせる
- 京瓦
- 京真田紐
- 京足袋

- 京つげぐし
- 京葛籠
- 京丸うちわ
- 京弓
- 京和傘
- 截金
- 嵯峨面
- 尺八
- 三味線
- 調べ緒
- 茶筒
- 提燈
- 念珠玉
- 能面
- 花かんざし

- 帆布製カバン
- 伏見人形
- 邦楽器絃
- 矢
- 結納飾・水引工芸
- 和蝋燭
- 京こま
- 清酒（日本酒）
- 京菓子
- 京漬物
- 京料理
- 京七宝

2. 暮らしの中で活躍する京都のものづくり

◆ ものづくりは平安時代から

ムラタセイコちゃん®　ムラタセイサク君®
©株式会社村田製作所

　京都の"ものづくり"は，平安時代以後に生まれた織物や陶磁器，漆器などの伝統産業に始まります。これらの伝統産業は，平安時代には貴族たちが発展に力を入れ，鎌倉・室町時代に一層充実しながら，地方に広がりました。ドイツ人の医師で博物学者のケンペルが『日本誌』で「京都は日本のさまざまな技術，ものづくり，取引の盛んなところだ。銅をとかしてお金をつくり，本を印刷し，金色や銀色の模様があるきれいな織物をつくっている。」と書いたように，政治・経済の中心が江戸に移った後も，これらの産業は京都で大きく発展しました。

　明治維新後，都が東京に移り，京都経済は大きな打撃を受けました。明治政府は京都の産業を盛んにするために，産業を起こす資金を提供しました。また，当時最先端の研究機関をつくり，優秀な外国人技術者を招きました。これをきっかけに新しい近代産業が生まれてきます。

　現在でも京都ではものづくりが盛んです。伝統産業の技術を今の先端技術に生かしている企業や，戦後生まれのベンチャー企業がたくさんあります。ベンチャー企業とは，新しい技術や専門的な知識を使って，大企業では実施しにくい新しい事業を展開する企業のことです。戦争の後，日本の経済や産業をたてなおそうという情熱をもって会社をつくった人たちが京都にはたくさんいたのですね。さらに京都には多くの大学があるため，専門的な技術や知識を開発に結びつけることができます。京都は1200年以上続く世界有数のものづくりのまちなのです。

◆ 独自の技術で独自の製品

100年以上受け継がれるモノづくりへの思い

　島津源蔵は，日本の進むべき道は科学立国であるという理想に燃え，教育用理化学機器の開発に取り組み，1875（明治8）年に島津製作所を創業しました。
　息子であり発明家でもあった2代目島津源蔵は，会社を引継ぎ，1909（明治42）年に日本で初めて医療用X線装置を開発しました。今も進化を続け，人々の健康を守っています。

最新の医療用X線装置

紙に印刷する技術がタッチパネルに?!

　京都は長く都であったことや寺院が多くお経の写本が必要であったこと，学校がたくさんあったことなどから，印刷の会社が多くありました。NISSHAでは，紙に印刷する技術をプラスチックへの印刷へと進化させ，さらに皆さんが普段の生活でよく目にするタッチパネルの技術につなげました。

タッチパネル

はかることはわかること

堀場雅夫さんが20歳の時につくった堀場製作所では、人間の感覚ではわからないものや判断できないことを、「はかる」ことで「わかる」情報にする機械を作っています。自動車の排気ガスをはかる機械は世界中で使われています。

エンジン排ガス測定装置「MEXA-ONE」

ファインセラミックスが暮らしを支える

稲盛和夫さんが従業員わずか28人の会社として始めた京セラでは、陶磁器の仲間であるファインセラミックスの技術を生かして、暮らしを支えるたくさんの製品を作っています。

また、家で電気をつくる地球に優しい住宅用太陽光発電システムを日本で最初に発売しました。

太陽光発電システム サムライ

その他にも、産業のオートメーション（工場の生産工程自動化）を支える技術をはじめ、世界で初めて駅の自動改札機を開発し、自動血圧計を家庭向けに普及させるなど、電子部品から健康医用機器まで幅広い製品をつくるオムロン、セラミックスの特性を生かし、スマートフォンや電化製品、自動車などに不可欠な電子部品を開発・製造する村田製作所、西陣織などに使われるジャカード機（紋織機）の製造・販売から、繊維機械・工作機械などの分野に進出した村田機械、省エネや二酸化炭素を減らすことに役立つ半導体・電子部品の製造で世界トップクラスのローム、女性用のインナーウェアを中心にスポーツウェアなどを製造・販売するワコール、「回るもの、動くもの」をキーワードに、ハードディスクドライブ用精密小型モーターをはじめ、精密小型から超大型まで「世界No.1の総合モーターメーカー」となった日本電産など、独自の技術をもつ多くの企業が京都に本社を置いて独自の製品を生み出しています。

◆世界で活躍する京都生まれの部品・製品

電気が通っていない地域での太陽光発電システムや、外国の自動車工場での排ガス測定装置など、京都生まれの製品は世界中で活躍しています。またスマートフォンやパソコンといった電子機器の中に入っている電子部品のように、外からは見えないところで働いている製品を作っている会社も京都には多くあります。

普段はなかなか気づきませんが、みなさんの生活の中でも大活躍している京都生まれの製品たち。多くの会社で多くの人たちが、みなさんの役に立つために、環境を守り人々が暮らしやすくなるようにと日々新しいものづくりに挑戦しているのです。

「京都モノづくりの殿堂」で最先端の京都のものづくりを知ろう！

京都まなびの街生き方探究館（京都市上京区）にある「京都モノづくりの殿堂」には、先端技術産業を中心に、京都発の最新技術を体験しながら「ものづくり都市・京都」を支える京都の企業創業者・科学者等の生き方やモノづくりにかける情熱等に触れることのできる17企業16のブースが設置されています。

普段は京都市立小学校・総合支援学校の学習で使われていますが、夏休みなどに一般公開される期間があります。皆さんもぜひ、世界で活躍する京都のものづくりを体感してください。

知とスポーツ
京の知識とスポーツ

1. 京の叡智を世界に発信

1-1 大学のまち・学生のまち

　京都市は，伝統と文化を併せ持った歴史都市・観光都市というだけでなく，37の大学・短期大学がある「大学のまち」でもあります。また，全国から集まった約15万人の学生が学んでおり，人口に対する学生数の割合は約1割で全国の大都市でトップという「学生のまち」です。

◆たくさんの留学生が日本の学生と交流しています

　さらに，約14,000人の留学生が学び，世界中から研究者が「京都で学びたい」と夢見て集まる，国際的な学術都市でもあるのです。

◆大学が連携して豊かな学びの機会を提供

　京都には，47の大学・短期大学が集まってつくる日本で最も大きな規模の連携組織である「大学コンソーシアム京都」があり，構成しているそれぞれの大学が切磋琢磨しながらも協力しあっています。京都の学生は，「大学コンソーシアム京都」を活用することで，自分の大学だけでなく，他の大学の特色ある授業を受けることが出来る「単位互換事業」や企業等で職場体験を行って社会人としての基礎力を学ぶ「インターンシップ事業」などに参加することが出来ます。

　また，大学・学生と地域の方がよりよいまちづくりに向け一体となって実施する取組を支援する「学まちコラボ事業」を

◆単位互換事業では，世界遺産を題材とした科目など，京都ならではの科目がいっぱいです

はじめ，積極的に地域に飛び出す学生を応援しています。

こうした取組や学生向けの情報は，「「大学のまち京都・学生のまち京都」公式アプリKYO-DENT（キョーデント）」で発信されています。このアプリをダウンロードした京都の学生は，二条城や京都市動物園などにいつでも100円で入場できます。

京都の学生には，全国にも類を見ない素晴らしい学びの場が用意されています。

◆学まちコラボ事業では，地域の方と手を取り合って活動しています

◆学生が主役！「学生のまち・京都」

「学生のまち」だからこそできる一大イベントが「京都学生祭典」です。大学の枠を越えて集まった100名以上の学生が，地域社会（企業・行政・大学・地域）と連携しながら企画・運営しています。毎年10月に岡崎地域一帯で開催する本祭では，縁日や子どもたちが元気いっぱいに遊べる企画など，大変な盛り上がりを見せます。その中でも総勢700人以上のおどり手による「京炎 そでふれ！」は絶景です。

◆京都学生祭典で披露される創作おどり「京炎 そでふれ！」

本祭以外にも，地域の催しでの「京炎 そでふれ！」の披露や夜間パトロールをはじめとするさまざまな企画で地域交流活動を展開しています。

また，「京都学生広報部」は，京都で過ごす学生生活の魅力を学生目線で全国の中学生，高校生に伝えるため，京都の大学生が企画・取材・編集した記事を，ホームページ「コトカレ」で発信しています。

京都では，学生の活動がさまざまな形でまちの活性化につながっているのです。

付喪神絵巻
（京都大学附属図書館蔵）
妖怪になった古い道具たち

①煤払い（大そうじ）で古い道具が次々と運び出されています。

②道ばたに捨てられた道具たち。

③捨てられた古道具たちが集まって妖怪となり、仕返しをしてやろうと相談しています。

④100年以上使われた古道具が大変身。
あるものは男や女、老人、子どもに、あるものは獣の姿と、さまざまに恐ろしい妖怪となりました。

1-2 マンガ文化の研究拠点

◆絵巻物から始まるマンガの歴史

　京都には、平安時代から鎌倉時代にかけてつくられた「絵巻物」が数多く残っています。「絵巻物」は、お寺や神社の成り立ちを人々に教えたり、有名な出来事や物語を広めたりするためにつくられたものです。描かれた人間や物、動きの表現などに、今のマンガに通じるものを見つけることができます。なかでも日本のマンガの起源は、『鳥獣人物戯画』（国宝・高山寺）とされています。→92ページ参照

◆国宝 北野天神縁起絵巻（北野天満宮蔵）
強烈な稲妻と雨が都を襲い，清涼殿に黒雲に乗った雷神（菅原道真）がおりてきました。雷神を見た人々はおびえ，転びながら必死に逃げまわっています。

　また，北野天満宮（上京区）の『北野天神縁起絵巻』（国宝）や真如堂の名で知られる真正極楽寺（左京区）の『紙本著色真如堂縁起』（重要文化財）をはじめ，数多くの「縁起絵巻」が寺社に伝わっています。

　江戸時代中ごろに，『浮世草子』という物語とさし絵からなる読み物が，大きな人気を呼んでいました。驚くことに，当時のさし絵には，人物のセリフが線でかこまれているものがあります。これはまさしく，今のマンガの描き方に通じるものと考えられます。

　このように，京都とマンガには歴史的な深いつながりを見つけることができます。

◆マンガミュージアムって？

　日本のマンガやアニメは，今や世界中の国々で目にすることができ，多くの人から高い評価を得ています。そして，日本国内でも，文学・美術・音楽と並ぶ芸術分野のひとつとして位置づけられてきています。

　これまで，マンガは研究するために資料として集められたり，まとまって保存されたりすることはありませんでしたが，京都市では，全国で唯一マンガ学部を設置している京都精華大学や地元などの関係者の協力のもと，2006（平成18）年に，元龍池小学校（中京区烏丸通御池上る）に「京都国際マンガミュージアム」を開設しました。

　「京都国際マンガミュージアム」では，次の世代にマンガ文化を受け継いでいくための研究や保存・展示が行われており，約30万点のマンガ資料を楽しめるほか，マンガに関するワークショップやセミナーなどが開催されています。

京都市には，全国でも類をみない規模の博物館ネットワーク，「京都市内博物館施設連絡協議会」（京博連）があります。（加盟館211，令和4年4月現在※132ページ参照）

1-3　ノーベル賞を生む京の環境

◆受賞者28人のうち14人が京都市ゆかり

　ノーベル賞は，人類の文化発展や科学上の偉大な発見，世界平和への貢献など，各分野ですぐれた功績を残した人に贈られる賞です。この賞は，ダイナマイト（爆薬）を発明したスウェーデンの化学者アルフレッド・ノーベルの遺言で，1896（明治29）年に創設されました。ノーベルは，自分の発明したダイナマイトが，戦争で爆弾として使われるようになったことをとても悲しみ，「わたしの発明したダイナマイトで得た巨万の富を，人類に貢献した人に与えたい」と遺言に書いたのです。

　ノーベル賞には，「物理学賞」「化学賞」「生理学医学賞」「文学賞」「平和賞」「経済学賞」の六つの部門があります。ノーベル賞の受賞者は毎年10月に発表され，ノーベルの命日にあたる12月10日に，授与式が行われています。

◆**知恩院の大鐘**（明治の彩色写真・大日本スクリーン製造蔵）
アインシュタイン博士がこの大鐘の下に立ちました。

　これまで，日本人のノーベル賞受賞者は28人います。このうち，14人は京都市にゆかりのある人たちです。

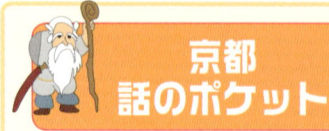

京都 話のポケット

知恩院で魅せた"世界の頭脳"

　ノーベル賞といえば，相対性理論で知られるドイツ生まれの物理学者アインシュタイン博士が京都の知恩院を訪れたときの興味深いエピソードがあります。訪日は1922（大正11）年11月。ノーベル物理学賞受賞（1921年度）が決定したのは，その日本への船旅の途中でした。博士は，有名な知恩院の大鐘を僧侶がついているとき，わざとその真下に入りました。周囲の人々は，耳のこまくが破れはしないかと心配しましたが，博士は「音がしない位置に立っていた」と答えたといいます。

※敬称略

湯川 秀樹（1907-1981）
1949年,物理学賞。京都大学理学部卒。原子の世界の研究で日本人初のノーベル賞受賞者となった。（京都市立京極小学校卒業）

朝永 振一郎（1906-1979）
1965年,物理学賞。京都大学理学部卒。同級生の湯川秀樹に刺激を受けて,同じく原子の世界を研究した。（京都市立錦林小学校卒業）

川端 康成（1899-1972）
1968年,文学賞。作家。代表作『古都』の執筆のために京都で暮らしていたことがある。主な作品は『伊豆の踊子』『雪国』など。

江崎 玲於奈（1925-）
1973年,物理学賞。東京大学理学部卒。半導体を研究し,「エサキダイオード」を発明した。（京都市立第四錦林小学校卒業）

福井 謙一（1918-1998）
1981年,化学賞。京都大学工学部卒。電子の世界の化学反応を研究した。京都大学工学部の教授や京都工芸繊維大学の学長をつとめた。

利根川 進（1939-）
1987年,生理学医学賞。京都大学理学部卒。体が病気とたたかう免疫機能の仕組みを研究した。

野依 良治（1938-）
2001年,化学賞。京都大学工学部卒。目的の化学物質だけを高い純度でつくり出す方法を開発した。

田中 耕一（1959-）
2002年,化学賞。東北大学工学部卒。レーザーを使ってタンパク質の質量を調べる方法を開発。京都の島津製作所に勤め,会社員の受賞として話題になった。

益川 敏英（1940-2021）
2008年,物理学賞。名古屋大学理学部卒。原子よりも小さな素粒子の世界を研究し,小林誠とともに「小林・益川理論」を発表した。（受賞時は京都産業大学教授）

小林 誠（1944-）
2008年,物理学賞。名古屋大学理学部卒。若き研究者だった京都大学での助手時代に,益川敏英との共同研究「小林・益川理論」を発表した。

山中 伸弥（1962-）
2012年,生理学医学賞。神戸大学医学部卒。京都大学iPS細胞研究所長。再生医療の実現につながるiPS細胞（人工多能性幹細胞）を世界で初めて作り出した。

赤﨑 勇（1929-2021）
名城大学提供
2014年,物理学賞。京都大学理学部卒。実現困難とされていた青色の発光ダイオード（LED）を発明。共同研究者の天野浩,実用化に貢献した中村修二とともに受賞した。

知とスポーツ
ノーベル賞

　このように,日本人のノーベル賞受賞者には,京都出身者や,京都で学び研究した学者,京都で作品を書いた作家など,京都にゆかりのある人がおおぜいいます。また,物理学・化学・生理学医学という自然科学分野での受賞が多いのも,大きな特徴です。これらの偉大な受賞者を世に送り出していることは,京都の大きな誇りでもあります。

そのほかの受賞者
- 佐藤 栄作（1974年,平和賞）
- 大江 健三郎（1994年,文学賞）
- 白川 英樹（2000年,化学賞）
- 小柴 昌俊（2002年,物理学賞）
- 南部 陽一郎（2008年,物理学賞）
- 下村 脩（2008年,化学賞）
- 鈴木 章（2010年,化学賞）
- 根岸 英一（2010年,化学賞）
- 天野 浩（2014年,物理学賞）
- 中村 修二（2014年,物理学賞）
- 大村 智（2015年,生理学医学賞）
- 梶田 隆章（2015年,物理学賞）
- 大隅 良典（2016年,生理学医学賞）
- カズオ・イシグロ（2017年,文学賞）
- 本庶 佑（2018年,生理学医学賞）
- 吉野 彰（2019年,化学賞）

1-4 「京都賞」は京都発の国際賞

◆人類の幸せを願い，未来へとつなぐ京都賞

京都賞は，科学・技術の進歩発展，また思想・哲学や芸術の面で社会に大きな貢献をした人に贈られる国際的な賞です。この賞は，京都に本社を置く京セラの創業者・稲盛和夫さんによって創設されました。稲盛さんは「私をはじめ会社を育ててくれた地域社会，日本そして世界に恩返しがしたい」「人のため，世のために尽くしたい」という自分の思いを実現させるため，1984（昭和59）年に稲盛財団を設立し，翌1985年から第1回京都賞の授賞式が始まりました。京都賞は次の三つの部門で賞が贈られます。

先端技術部門 …… 科学や技術の応用面での貢献に光をあてる
基礎科学部門 …… 自然現象の解明や理論的探求に光をあてる
思想・芸術部門 …… 人間の精神活動や美的創造に光をあてる

京都賞には「科学技術と人間のこころの両面が，車の両輪のようにバランスよく発展してこそ人類が幸せになる」という願いが込められています。

これまで22人の日本人を含む114人と1団体（京都賞創設記念特別賞：ノーベル財団）が受賞（令和4年3月現在）。受賞者には京都賞メダル，賞状，賞金1億円が贈られます。新しいがん免疫治療に道を拓いた本庶佑博士やiPS細胞研究の山中伸弥博士，青色LED開発に貢献した赤﨑勇博士など京都賞を受賞された後，ノーベル賞を受賞された方も現在10人おられます。（129ページに掲載）

毎年11月には授賞式や受賞者による記念講演会などが行われます。翌年にはアメリカやイギリスでも受賞者を交えたイベントが開催されます。

2. 歴史をつくったスポーツ文化

　京都は数多くのスポーツの歴史をつくってきました。古代から貴族の間で行われていた蹴鞠は、鹿の皮でできた鞠を革ぐつで蹴り上げて相手に渡す優雅な球技です。蹴鞠の師範だった飛鳥井家ゆかりの白峯神宮（上京区）には、蹴鞠と同じように足でボールを蹴る球技であるサッカー関係者の参拝が絶えません。Jリーグの「京都サンガF.C.」は、京都師範（今の京都教育大学）の卒業生を中心に結成された「紫光クラブ」が母体となって、誕生したのです。

　野球では、1915（大正4）年に始まった高校野球の前身、第1回全国中等学校野球大会で京都二中（今の鳥羽高校）が優勝し、1948（昭和23）年春には、京都一商（今の西京高校）と二商（今の北野中学校敷地にあった学校）が優勝戦を戦うなど、草創期の日本の野球界をリードしました。伝統校の龍谷大平安高校も、4度の全国優勝を飾るなど華々しい活躍を見せています。

　ラグビーでも、同志社大学が大学選手権3連覇を達成、伏見工業高校（現在の京都工学院高校）が4度も全国制覇しています。

　陸上競技の駅伝も京都が発祥の地で、三条大橋に記念碑が立ち、今も全国高校駅伝や全国都道府県対抗女子駅伝が都大路を舞台に繰り広げられています。また、2012（平成24）年から実施されている京都マラソンには、毎年約15,000人が参加しています。

◆ 第35回全国都道府県対抗女子駅伝で3年ぶり16度目の優勝をかざった京都

◆ 第85回全国高校ラグビー選手権で全国制覇を果たした伏見工業フィフティーン

◆ 第91回天皇杯全日本サッカー選手権大会で準優勝し、表彰を受ける京都サンガF.C.の選手たち（2012年1月）

京都市内の博物館施設一覧

あ
朝日新聞京都工場	伏見区横大路下三栖城ノ前町23-3
安達くみひも館	上京区出水通烏丸西入中出水町390
嵐山モンキーパークいわたやま	西京区嵐山中尾下町61
井伊美術館	東山区花見小路四条下ル4丁目小松町564
いけばな資料館	中京区六角通堀川西入上取町 池坊ビル3F
一燈園資料館「香倉院」	山科区四ノ宮柳山町8
井村美術館	左京区下鴨松原町29
遠藤剛熙美術館	下京区猪熊通三condド
大河内山荘庭園	右京区嵯峨小倉山田淵山町8
大谷大学博物館	北区小山上総町
大西清右衛門美術館	中京区三条通新町西入釜座町18-1
お辨當箱博物館	東山区四条通祇園町南側下ル4丁目433 半兵衛麸本店2F
オムロンコミュニケーションプラザ	中京区堀川通御池下ル西入中堀川通 オムロン本社ビル
想い出博物館	右京区嵯峨二尊院門前往生院町6-5
おもちゃ映画ミュージアム	中京区壬生馬場町29-1
表千家北山会館	北区上賀茂桜井町61
織成館	上京区浄福寺通上立売上ル大黒町693

か
ガーデンミュージアム比叡	左京区修学院尺羅ヶ谷四明ヶ嶽4
桂坂野鳥遊園	西京区御陵北大枝山町1-100
何必館・京都現代美術館	東山区祇園町北側271
河井寛次郎記念館	東山区五条坂鐘鋳町569
川島織物文化館	左京区静市原町265 株式会社川島織物セルコン内
眼科・外科医療博物館	下京区正面通木屋町東入鍵屋町340
漢検 漢字博物館・図書館（漢字ミュージアム）	東山区祇園町北側551
北野天満宮宝物殿	上京区馬喰町
北村美術館	上京区小野下ノ町101
北山杉資料館	北区中川川登り
絹の白生地資料館 伊と幸ギャラリー	中京区御池通室町西入竜池町482 伊と幸ビル4F
ギャラリー紫織庵	中京区新町通六角上ル三条東洞院町437
旧三井家下鴨別邸	左京区下鴨宮河町58-2
京菓子資料館（ギルドハウス京菓子）	上京区烏丸通上立売上ル柳図子町331-2
京指物資料館	中京区烏丸通錦小路西入掛屋町129 京セラ株式会社本社ビル4F
京セラギャラリー・京セラファインセラミック館	伏見区竹田鳥羽殿町6 京セラ株式会社本社ビル
京都嵐山オルゴール博物館	右京区嵯峨天龍寺立石町1-38
京都外国語大学 国際文化資料館	右京区西院笠目町6 京都外国語大学9号館4F
京都花鳥館	左京区岡崎成勝寺26-24
京都祇園らんぷ美術館	東山区祇園町南側540-1
京都教育大学 教育資料館 まなびの森ミュージアム	伏見区深草藤森町1
京都御苑	上京区京都御苑3
京都ギリシアローマ美術館	左京区下鴨北園町1-72
京都芸術センター	中京区室町通蛸薬師下ル山伏山町546-2
京都芸術大学 芸術館	左京区北白川瓜生山2-116 人間館ギャラリー・オーブ2F
京都工芸繊維大学 美術工芸資料館	左京区松ヶ崎橋上町
京都国際マンガミュージアム	中京区烏丸通御池上ル
京都国立近代美術館	中京区岡崎円勝寺町
京都国立博物館	東山区茶屋町527
京都産業大学ギャラリー	下京区中堂寺命婦町1-10
京都市学校歴史博物館	下京区御幸町通仏光寺下ル橘町437
京都市景観・まちづくりセンター京のまちかど	下京区西木屋町通上ノ口上ル梅湊町83-1
京都市考古資料館	上京区今出川通大宮東入ル元伊佐町265-1
京都市国際交流会館 kokoka	左京区粟田口鳥居町2-1
京都市嵯峨鳥居本町並み保存館	右京区嵯峨鳥居本仙翁町8
京都市市民防災センター	南区西九条菅田町7
京都市青少年科学センター	伏見区深草池ノ内町13
京都市東部山間埋立処分地（エコランド音羽の杜）	伏見区醍醐上山田1
京都市動物園	左京区岡崎法勝寺町
京都市東北部クリーンセンター	左京区静市原町1339
京都市南部クリーンセンター 環境学習施設「さすてな京都」	伏見区横大路八反田29
京都市南部資源リサイクルセンター	伏見区横大路下鳥羽松尾町447
京都市廃食用油燃料化施設	伏見区横大路下鳥羽松尾町447
京都市美術館（京都市京セラ美術館）	中京区岡崎円勝寺町124
京都市文化財建造物保存技術研修センター	東山区清水2丁目205-5
京都市北部クリーンセンター	右京区梅ヶ畑高鼻町27
京都市北部資源リサイクルセンター	右京区梅ヶ畑高鼻町27
京都絞り工芸館	中京区油小路通御池下ル
京都市立芸術大学芸術資料館	西京区大枝沓掛町13-6
京都市歴史資料館	上京区寺町通荒神口下ル松蔭町138-1
京都水族館	下京区観喜寺町35-1
京都スポーツの殿堂ホール	右京区西院清水町1-2 京都市西院市民スポーツ会館1F
京都精華大学ギャラリー Terra-S	左京区岩倉木野町137
京都生活工藝館 無名舎	中京区新町通六角下ル六角町363
京都 清宗根付館	中京区壬生賀陽御所町46-1
京都青窯会会館	東山区泉涌寺東林町20
京都大学総合博物館	左京区吉田本町
京都大学百周年時計台記念館歴史展示室	左京区吉田本町百周年時計台館1F
京都橘中学校・高等学校資料館	伏見区桃山町伊賀50
京都dddギャラリー	下京区観喜寺町10
京都鉄道博物館	下京区観喜寺町
京都伝統工芸館	中京区烏丸通三条上ル
京都伝統産業ミュージアム	左京区岡崎成勝寺町9-1 京都市勧業館みやこめっせB1F
京都陶磁器会館	東山区五条通東大路五条上ル東入門脇町583-1
京都当道会	上京区出水通室町東入近衛町47-2
京都ハンディクラフトセンター	左京区聖護院円頓美町17
京都 佛立ミュージアム	上京区御前通一条上ル東堅町110
京都府立京都学・歴彩館	左京区下鴨半木町1-29
京都府立植物園	左京区下鴨半木町
京都府立陶板名画の庭	左京区下鴨半木町
京都府立堂本印象美術館	北区平野上柳町26-3
京都万華鏡ミュージアム姉小路	中京区高倉通姉小路東入ル東片町623-1
京都民芸資料館	左京区岩倉木野町340
京の田舎民具資料館	山科区小山小川町2
京の食文化ミュージアム あじわい館	下京区中堂寺南町130京都青果センタービル3F
清水三年坂美術館	東山区清水産寧坂東入ル清水3丁目337-1
清水焼の郷会館	山科区川田清水焼団地町10-2
ぎをん思いで博物館	東山区四通花見小路東入ル常盤町 北座ビル5F
キンシ正宗・堀野記念館	中京区堺町通二条上ル亀屋町172
鞍馬寺霊宝殿	左京区鞍馬本町1074
京北さんさと資料室	右京区京北周山町上寺田1-1 京北合同庁舎1F
KCIギャラリー（京都服飾文化研究財団）	下京区七条御所ノ内南町103 ワコール京都ビル5F
月桂冠大倉記念館	伏見区南浜町247
高台寺掌美術館	東山区高台寺河原町530 京・洛市「ねね」2F
高津古文化会館	上京区今出川通天神筋下ル大上之町61
高麗美術館	北区紫竹下岸町15
香老舗 松栄堂（薫習館）	中京区烏丸通二条上ル東側
古典の日記念 京都平安京創生館	中京区丸太町通七本松西入る京都市生涯学習総合センター内
小堀京仏具工房 京仏壇京仏具資料館	山科区西野山百々町88
駒井家住宅（駒井卓・静江記念館）	左京区北白川伊織町64
小松均美術館	左京区大原野井町369

さ
嵯峨嵐山文華館	右京区嵯峨天龍寺芒ノ馬場町11
嵯峨美術大学・嵯峨美術短期大学 附属博物館	右京区嵯峨五島町1 本部キャンパス研究棟1F
三千院 円融蔵	左京区大原来迎院町540
JR稲荷駅ランプ小屋	伏見区深草稲荷御前町
史跡岩倉具視幽棲旧宅・対岳文庫	左京区岩倉上蔵町100
思文閣美術館	左京区田中関田町2-7
島津製作所 創業記念資料館	中京区木屋町二条南
社家・西村家庭園	北区上賀茂中大路町1
寂光院 宝物殿 鳳智松殿	左京区大原寂光院676
相国寺承天閣美術館	上京区今出川通烏丸東入相国寺門前町701
城南宮神苑水石亭	伏見区中島鳥羽離宮町7
森林総合研究所関西支所 森の展示館	伏見区桃山町永井久太夫町68
角屋もてなしの文化美術館	下京区西新屋敷揚屋町32
清涼寺霊宝館	右京区嵯峨釈迦堂藤ノ木町46
泉屋博古館（住友コレクション）	左京区鹿ヶ谷下宮ノ前町24
泉涌寺宝物館 心照殿	東山区泉涌寺山内町27
千本釈迦堂 大報恩寺霊宝殿	上京区五辻通六軒町西入溝前町1034
染・清流館	中京区室町通錦小路上ル山伏山町550-1 明倫ビル6F

た
大覚寺霊宝館	右京区嵯峨大沢町4
醍醐寺霊宝館	伏見区醍醐東大路町22
大将軍八神社方徳殿	上京区一条通御前西入西町48
大本山 東福寺	東山区本町15丁目778
高田クリスタルミュージアム	西京区大原野灰方町172-1
竹の資料館（京都市洛西竹林公園）	西京区大枝北福西町2丁目300-3
丹波マンガン記念館	右京区京北下中町東大谷32
智積院宝物館・庭園	東山区東大路通七条下ル東瓦町964
千總ギャラリー	中京区三条通烏丸西入御倉町80
茶道資料館	上京区堀川通寺之内上ル裏千家センター内
中信美術館	上京区下立売通油小路東入ル大黒町136-3
長楽寺 収蔵庫	東山区八坂鳥居前東入円山町626
ツラッティ千本（京都市人権資料展示施設）	北区紫野西舟岡町2
東映太秦映画村 映画文化館	右京区太秦東蜂岡町10
同志社大学ハリス理化学館同志社ギャラリー	上京区今出川通烏丸東入
東寺宝物館	南区九条町1
豊国神社宝物館	東山区大和大路通正面茶屋町530
虎屋 京都ギャラリー	上京区一条通烏丸西入広橋殿町400

な
並河靖之七宝記念館	東山区三条通北裏白川筋東入堀池町388
新島旧邸	上京区寺町丸太町上ル松蔭町
西川油店	下京区油小路通七条下ル油小路町294
西陣織あさぎ美術館	下京区烏丸通光寺上ル二帖半敷町661
西陣織会館	上京区堀川通今出川南入
西陣くらしの美術館 冨田屋	上京区大宮通一条上ル
二條陣屋（重要文化財 小川家住宅）	中京区大宮通御池下ル137
日図デザイン博物館	左京区岡崎成勝寺町9-1 京都市勧業館みやこめっせB1F
ニッシャ印刷歴史館	中京区壬生花井町3
日本伝統茶室 数寄屋建築博物館	北区紫野大徳寺門前町30-2
仁和寺霊宝館	右京区御室大内33
乃木神社宝物館	伏見区桃山町板倉周防32-2
野村美術館	左京区南禅寺下河原町61

は
白沙村荘 橋本関雪記念館	左京区浄土寺石橋町37
博物館さがの人形の家	右京区嵯峨鳥居本小坂田町12
箔屋野望	上京区智恵光院通五宝寺上ル北妙蓮寺前町546
長谷川歴史・文化・交流の家	南区東九条東札辻町5
花園教会水族館	右京区太秦安井辻ノ内町10-1
花園大学歴史博物館	中京区西ノ京壺ノ内町8-1 無聖館4F
琵琶湖疎水記念館	左京区南禅寺草川町17
風俗博物館	京都市下京区堀川通高辻東入ル (井筒左女牛ビル5F)
福寿園京都ギャラリー	京都市下京区四条通富小路角
福田美術館	右京区嵯峨天龍寺芒ノ馬場町3-16
藤井斉成会 有鄰館	左京区岡崎円勝寺町44
藤森神社宝物殿	伏見区深草鳥居崎町609
伏見城跡出土遺物展示室	伏見区御香宮門前町174 御香宮神社内
佛教大学宗教文化ミュージアム	右京区嵯峨広沢西裏町5-26
ブリキのおもちゃと人形博物館	下京区四条通大宮西入ル立中町柏屋町505 タキシ西本店4F
古田織部美術館	北区上賀茂桜井町107-2 B1F
宝鏡寺門跡	上京区寺之内通堀川東入百々町547
細辻伊兵衛美術館	中京区室町通三条上ル役行者町368
細見美術館	左京区岡崎最勝寺町6-3
本能寺 大寶殿	中京区下本能寺前町522-1

ま
益富地学会館（石ふしぎ博物館）	上京区出水通烏丸西入中出水町394
松尾大社神像館・お酒の資料館	西京区嵐山宮町3
松本明慶佛像彫刻美術館	上京区上立売通室町西入西鰭司町75
三栖閘門資料館	伏見区葭島金井戸町東下
水野克比古フォトギャラリー 町家写真館	上京区大宮通元誓願寺下ル石薬師町690
壬生寺 文化財展観室	中京区壬生梛ノ宮町31
三宅八幡神社 絵馬展示資料館	左京区上高野三宅町22
京エコロジーセンター（京都市環境保全活動センター）	伏見区深草池ノ内町13
無鄰菴	左京区南禅寺草川町31
元離宮二条城	中京区二条通堀川西入二条城町541

や
八つ橋庵とししゅうやかた	右京区西京極畝子手町36
柳原銀行記念資料館（京都市人権資料展示施設）	下京区下之町6-3
山口家住宅 若香居	西京区山田上ノ町25
有斐斎弘道館	上京区上長者町通新町東入元土御門町524-1
ユキ・パリス コレクション	左京区浄土寺南田町14
養源院	東山区三十三間堂廻り町656
陽明文庫	右京区宇多野上ノ谷町1-2
善峯寺 文殊寺宝館	西京区大原野小塩町1372

ら
頼山陽書斎山紫水明處	上京区東三本木通丸太町上ル南側
洛東遺芳館	東山区問屋町通五条下ル3丁目西橘町472
樂美術館	上京区油小路通一条下ル油橋詰町87-1
立命館大学 国際平和ミュージアム	北区等持院北町56-1
龍谷大学 龍谷ミュージアム	下京区堀川通正面下ル
龍安寺	右京区龍安寺御陵ノ下町13
霊山歴史館（幕末維新ミュージアム）	東山区清閑寺霊山町1
ルイ・イカール美術館KYOTO	東山区上高野東山17-21
黎明教会資料研修館	左京区吉田神楽岡町3-6
六波羅蜜寺 文化財宝物館	東山区松原通大和大路東入2丁目轆轤町81-1

わ
若林京仏壇ミュージアム	下京区七条通新町東入西境町147
ワコールスタディホール京都	南区九条北ノ内町 ワコール新京都ビル1F
Wacoal Museum of Beauty	南区吉祥院中島9 ワコール本社ビル1F

暮らしと食

京の暮らしと食文化

1. 京の味わい

2013（平成25）年に「和食」が国際連合教育科学文化機関（ユネスコ）の無形文化遺産に登録されました。京都における食の伝統は，ご飯を主食とした「一汁三菜」（汁物1品とおかず3品）を基本とし，自然や命への感謝，おもてなしの心などの精神を大切にしています。

京都をつなぐ無形文化遺産
（→111ページ参照）

1-1 歴史と伝統が〝肥料〟の京野菜

春の「京たけのこ」，夏の「賀茂なす」，秋の「丹波くり」，冬の「九条ねぎ」など，京都には，独特の風土の中で育てられてきた，品質の良いおいしい食べ物が数多くあります。それらは「京野菜」として，多くの人々に親しまれています。

現在，「京野菜」とは，一般的に「京の伝統野菜」や「京のブランド産品」などを指しますが，それらに加えて，京都市では「新京野菜」の開発・生産・普及にも力を入れています。（→135ページ参照）

◆「京の伝統野菜」とは…

「賀茂なす」「九条ねぎ」など現存する野菜が35種類，絶滅した野菜「郡だいこん」「東寺かぶ」の2種類を合わせて，37種類が「京の伝統野菜」に認定されています。また，伝統野菜に準じる野菜として，「万願寺とうがらし」「鷹峯とうがらし」「花菜（伏見寒咲なたね）」の3種類があります。

◆「京のブランド産品」とは…

「京の伝統野菜」をはじめ，京の食文化を支えてきた京都産の農林水産物の中から，人にも環境にもやさしい生産方法に取り組み，特に品質が優れたものを，京のふるさと産品協会が認証したものです。京のブランド産品マークの「京マーク」が付けられ，現在，30品目が流通しています。

※登録商標です

＊135ページに30品目の説明があります。

暮らしと食 京野菜

京都 話のポケット 京の行事に生かされる野菜

正月7日は，春の七草のお粥を食べて1年の無病を祈ります。春の七草とは，ゴギョウ・ハコベラ・ホトケノザ・スズナ・スズシロ・セリ・ナズナの7種類の山野草。五智山蓮華寺の「キュウリ封じ」，安楽寺の「カボチャ供養」，千本釈迦堂や鳴滝了徳寺の「大根焚き」なども，信仰と健康祈願の行事です。北野天満宮の「瑞饋祭」は，神輿全体が季節の野菜などで飾られ，豊作を祈る祭りです。

◆ 「京野菜」が長い間京都でつくられてきたわけは…

【肥沃な土地　京都盆地】

　東北から西南へとゆるやかに傾斜している京都盆地は、山々から流れ出てきた土が南へ向かって広がり、扇状地となって豊かな土壌がつくり出されました。その上、千年の都の歴史の中で排出された多くの人糞が、農業用肥料として周辺の農地に運び込まれました。その結果、野菜づくりにとても適した肥沃な土地ができあがっていったのです。

【おいしい水　京の地下水】

　野菜づくりに欠かせない水についても、京都は大変恵まれていました。鴨川や高野川、桂川、堀川などが盆地の中心を流れているだけでなく、太古は湖底だったとされる京都盆地の地下には、「京都水盆」と呼ばれる巨大な水がめがあり、豊富な地下水が蓄えられているのです。

【栽培に適合　京の気候】

　京都の気候は、夏は蒸し暑く、冬は底冷えがします。1日のうち、昼夜の温度差が大きいのも特徴です。こうした四季の変化がはっきりした京都の気候は盆地特有のもので、強風や長雨、台風の被害も少なく、野菜づくりに適した環境だといわれています。

　農家の人たちは、代々保存されてきた京野菜の種を大切に残し、その栽培方法や技術を伝え続けてきたのです。そうした栽培に携わる人々の工夫や努力があってこそ、栄養のある、おいしい京野菜を皆さんに届けることができるのです。ぜひ、おいしい京野菜を食べてみてください。

【海から遠い　平安京】

　平安時代の京都は、人口十数万人を抱える日本最大の都市でした。しかし、三方を山に囲まれた盆地で、海から遠いため、新鮮な海産物を運び入れることはとても困難でした。そのため、朝廷をはじめ、都に住むたくさんの人々の食生活を支えるためには、身近で手に入る新鮮な野菜を積極的に栽培する必要があったのです。

　こうした状況から、中国大陸をはじめ、全国各地からさまざまな野菜や種が持ち込まれました。それが次第に根づき、京都の土地に合った京野菜となって育つようになりました。

◆京のブランド産品（さんぴん）

花菜（はなな）
古くから伏見桃山の付近で、冬の切り花として栽培されていました。つぼみがふくらんだころに摘み取っておひたしや漬物などで食べます。

京みず菜（みず菜）
葉に深い切れこみがあるのが特徴で、小株栽培によりなべ物はもちろん、サラダや浅漬けなどによく使われます。

京壬生菜（壬生菜）
みず菜の変種で葉に切れこみがなく、壬生地区で多くつくられていました。特有の辛味があり、漬物やサラダなどに使われます。

賀茂なす
上賀茂の特産品として有名です。直径が12〜15㌢になる大きな丸ナスで、でんがく、煮物などに使われます。

くわい
地中でよく増えることや、その形から「子孫繁栄」「芽が出る」という縁起物として正月料理に多く使われます。

九条ねぎ
京都の九条付近で多く栽培されていたことからその名が付きました。長くてやわらかく、なべ物や薬味に使われます。

伏見とうがらし
「青とう」とも呼ばれ、葉も佃煮にして食べます。12〜15㌢くらいで辛味がなく、天ぷらや煮物などに幅広く使われます。

えびいも
サトイモの一種で、エビの姿に似ていることから名前が付けられました。肉質がやわらかく、たき合わせが定番です。

京山科なす
ぽってりと玉子の形をしています。皮が薄くやわらかで、煮物、焼き物、漬物などに使われます。

鹿ケ谷かぼちゃ
ひょうたん形で大型のカボチャです。もともと津軽地方（青森県）から伝わったと言われ、鹿ケ谷で栽培されていたことからその名が付きました。

万願寺甘とう（万願寺とうがらし）
約80年前に、舞鶴市万願寺で誕生したとされています。トウガラシの中でもひときわ大きく、煮ても焼いても好まれます。

堀川ごぼう
豊臣秀次失脚後、聚楽第の堀でたまたま巨大に育ったゴボウが始まりとされています。身が太く、肉などをつめて食べます。

紫ずきん
丹波黒大豆の枝豆です。濃い甘みとモチモチした食感が特徴で、豆が薄い紫色で頭巾をかぶった様にみえることから、紫ずきんと名付けられました。

金時にんじん
形は細長く中まで真っ赤で、やわらかく甘みがあります。おせち料理や煮物などによく使われます。

聖護院だいこん
聖護院地区を中心に栽培されてきた丸ダイコンです。苦みがなく、煮崩れしにくいため、煮物に利用されます。

丹波くり
丹波地方で生産されたクリを丹波くりと呼びます。大粒で甘く、色つやがよいのが特徴です。

やまのいも
丸いヤマトイモの一種で「つくねいも」とも呼ばれます。粘りが強く、すりおろしてとろろにするほか、和菓子の材料にも使われます。

京たけのこ
孟宗竹の若芽です。1年かけて山をていねいに管理することで、やわらかくて甘みのある上質なタケノコが収穫できます。

京たんご梨
二十世紀梨を改良した品種です。糖度センサー（甘さを測る機械）で測って、一定以上の糖度のあるものだけが選ばれます。

京都府産黒大豆 新丹波黒
大粒でしわがなく、煮崩れしないので、煮豆に最適です。おせち料理や和菓子に使われます。

京都府産 丹波大納言小豆
大粒で色つやがよく、煮崩れしにくいので、つぶあんの材料に適しています。高級和菓子づくりには欠かせません。

聖護院かぶ
現在は亀岡市篠地区等で栽培され、大きくて風格があるのが特徴。かぶら蒸しなどにピッタリで、京漬物「千枚漬け」の材料として有名です。

京こかぶ
京都市京北地域でつくられ、真っ白な肌が美しい小カブです。新鮮な葉付きは、葉もおいしく食べられます。薄揚げとの煮物は絶妙の味です。

丹後とり貝
京都府丹後地域の海で育てられ、普通のとり貝に比べて、大きさは2倍以上にもなります。肉厚でやわらかく、独特の甘みがあります。

京 夏ずきん
紫ずきんを改良し、夏場に出荷される枝豆です。大粒で甘みがあり、豆ご飯やかき揚げ等にも使われます。

丹後くじ
京都府丹後地域で漁獲されるアカアマダイで、淡白で上品な甘さを持っています。京料理には欠かせない食材です。

祝（酒米）・京の酒
昭和8年に誕生し、一時栽培が途絶えたものの、平成4年から再び栽培が開始されました。伏見の酒蔵を中心に、良質なお酒がつくられています。

京丹波大黒本しめじ
丹波地方で栽培され、大黒さんのようなユニークな姿が名前の由来です。焼き物、煮物、揚げ物など様々な調理方法が可能です。

京たんごメロン
京丹後市で栽培されている中でも最高級のメロンです。1玉ごとに品質管理され、濃厚な甘みと芳醇な香りが特徴です。

京山科なす京漬物
京のブランド産品「京山科なす」のみを原料に漬け込んで作った京漬物で、素材の味を最大限に活かす京漬物伝統の味です。

暮らしと食　京野菜

1-2 歴史を味わう京料理

京料理といわれると，どんな料理を思いつきますか？すぐには思い浮かばないかもしれません。それは，千年の都と呼ばれる京都の長い歴史の中で，大饗料理，有職料理，精進料理，本膳料理，懐石料理など，さまざまな料理が一体となった料理だからです。

京料理

本膳料理
室町時代，武家を中心に成立した儀式のための料理です。味付けもカツオやコンブを使うなど，本格的な日本料理の基礎になったといわれています。

精進料理
もともと，禅寺を中心に発展しました。肉や魚などを使わず，野菜や海草，豆腐，湯葉，生麩，こんにゃくなどをよく使います。

懐石料理
精進料理と本膳料理の長所を取り入れ，茶道とともに発達した料理です。もとは，茶事で出される軽い食事のことでした。

大饗料理（「おおあえりょうり」とも）
平安時代，貴族たちの饗宴で食べられた豪華な料理。献立には，ナマスなどの生もの，魚や鳥を乾燥させた干し物，果物などが登場します。日本最古の料理様式です。

◆ 知恵を味わう京料理

京料理には，長い年月をかけた，たくさんの知恵が詰まっています。例えば，鱧。鱧がなぜ，海から遠い京都の夏に欠かせない食材なのでしょうか？考えてみれば不思議ですが，これこそまさに昔の人々の知恵が生んだ料理なのです。鱧は生命力が強いため，生きたまま手に入りました。小骨が多く，調理しにくいため，昔は他の地域ではほとんど見向きもされない魚だったといわれます。しかし，京都では独特の骨切りという調理技術が発達し，上品で洗練された鱧料理をつくり上げたのです。

ほかにも，新鮮な魚介類のかわりに，干物などの加工品をうまく活用する料理が発達しています。お祭りなどに食べる鯖寿司や，みがきにしん（ニシンを二つにさいて乾かしたもの）を使ったおばんざいなどは，そういった工夫から生まれたものです。

◆色彩を味わう京料理

　京料理は，季節感をとても大事にする料理です。一般的に薄味といわれるのは，食材本来の持つ味や色を生かすためです。また，伝統の京焼や京漆器などの器と料理をうまく組み合わせることで，さらに洗練され，見た目にも美しい料理になるのです。

季節を味わう京料理

春　タケノコ料理

洛西一帯は，タケノコの産地です。甘くてやわらかいことで知られていますが，これは，1年を通じて竹やぶを大切に管理しているからこその質の良さなのです。料理は，「タケノコ御飯」「若竹煮」など。

夏　鱧料理

祇園祭は別名「鱧祭り」と呼ばれます。鱧は梅雨の水を吸っておいしくなるといわれ，京都の夏には欠かせない食材です。料理は「鱧落とし」「鱧ずし」など。

秋　マツタケ料理

京都は，江戸時代からマツタケの産地として，全国に知られていました。現在では，丹波などが知られていますが，昔は「都松茸」といって，京都市内周辺の山でたくさんとれました。「焼きマツタケ」「土瓶蒸し」などで食べます。

冬　ダイコン料理

冬の食材として欠かせないのが，京野菜の聖護院だいこんです。甘くて煮くずれしないのが特徴で，おでんに向いています。料理は，油揚げと一緒に煮た「ダイコンとお揚げのたき合わせ」「ダイコンと豚肉の煮物」など。

京の食を学ぶ「食育」授業

　京都の料理店の主人らでつくる「日本料理アカデミー」の料理人と，学校の先生が協力して食の魅力や楽しさを伝える「食育」授業（写真）を市内の小学校で実施しています。授業は，だしの味比べなど，日本料理特有の「うまみ」について学ぶ「味覚教育」，食材に関心を持ち，その大切さを知る「食材教育」，だしや食材を生かした調理方法を学ぶ「料理教育」です。子どもたちはこうした授業から，日本食のよさを体感するとともに，生産者や調理者，自然の恵みなどに感謝する心をはぐくんでいます。

　また，京都市中央卸売市場第一市場では，「小学校出前板さん教室」として，魚や野菜中心のバランスのとれた食生活を子どもたちに普及する体験教室を実施しています。

暮らしと食　京料理

1-3 京都の家庭のおかず

京都の家庭で受け継がれている日常的な「おかず」いわゆる「おばんざい」は、味つけは出汁を基本に、旬の野菜など季節の食材を無駄なく使いきるように工夫された料理です。

◆安くて栄養のある食材を取り入れた「京都の家庭のおかず」

◆大切にされているおきまり料理

京都では昔から、月初めの1日には、にしんとこんぶの煮物、あずきご飯、8のつく日は、あらめとお揚げを炊いたもの、15日はえびいもと棒だら、月末はおからなど、毎月「何の日に何を食べる」と決め、栄養のバランスを図りながら、食生活に節目をつけてきました。これは、商家などで引き継がれてきた生活の知恵でもありました。

◆こんにゃく煮

◆筑前煮

> 京都の家庭のおかずは、であいもん（出合いによって両方の味を引き立て、栄養のバランスもとれている料理）の妙が特徴です。例えば、にしんとなすのであいもんの「にしんなす」などがあります。季節ごとに、野菜を使ったどんなおかずがあるか調べてみましょう。

◆学校給食に出されている京都の伝統的なおかずのひとつ「にしんなす」

昔から京都の人々に親しまれてきた「おかず」を、自分の舌で実際に味わってみましょう。そして、その料理や味が、どうして今も大切にされているのか、調べてみましょう。これからもその料理法や味を大切に受け継いでいきたいですね。

> 学校給食では、どんな京都の伝統的な「おかず」が出されるか、献立表をみて調べてみましょう。

京都 話のポケット 京の食文化に親しもう！

京都市下京区にある「京都市中央市場」は、1927（昭和2）年に日本で最初の中央卸売市場として開設され、野菜や果実、鮮魚や塩干魚など生鮮食料品等の流通拠点として、京都市民をはじめとする消費者の皆様の豊かな食生活と京の食文化を支えています。

また、2013（平成25）年に場内に開設された「京の食文化ミュージアム・あじわい館」では、市場の役割や京の食文化を伝えるための様々な展示や体験コーナーが設けられ、市場の新鮮な食材を使った料理教室が開催されるなど、気軽に京の食文化に親しむことができますよ。

1-4　京土産といえば「お漬物」

　京土産で一番人気が高いのは漬物です。漬物は，文字どおり，野菜を塩などに漬けて保存する方法です。漬物は奈良時代から食べられていたとされていますが，漬物という名前は，10世紀初めの書物に初めて書かれています。昔は野菜のとれない冬に備えて漬け込み，保存食や食事の副食として食べました。

　茶道が発達した室町時代，漬物が湯茶の温度を加減するのに使われたり，聞香（お香をたいて，においを楽しんだり，お香の種類をききわけたりすること＝ぶんこうともいう）では，味覚や嗅覚を休めるために食べられました。「香の物」という呼び名は，このころについたと思われます。

◆真心をこめて漬けられた「すぐき」

◆見た目もきれいな京の「お漬物」

京都話のポケット　「ぜいたく煮」はぜいたく？

　漬物のおけの底に残った最後のタクアン。これは，とても塩辛くて歯ごたえが硬すぎ，決しておいしいものではありません。ところが，禅宗の寺院では，このタクアンを水にひたして塩抜きをし，油あげなどと炊いて食べます。名付けて「ぜいたく煮」（いちばん上で日にやけたものを使うこともあります）とてもぜいたくな食べ物とは思えませんが，そこには，ひとつも捨てずに食べる，つまり，最後に残ったものこそ大切であるという禅宗の教えが生きています。この教えは京料理にも生かされ，材料をむだにしないで最後まで使いきる知恵として，今日の豊かな食文化を支えています。

暮らしと食　おばんざい・漬物

1-5 季節を織りこんだ京菓子

はなびら餅（春）
もともと，宮中で食べられていた正月の行事食が始まりで，茶道の新年の菓子として広まりました。中身は，白みそのあんが使われています。昔は砂糖が貴重だったため，甘味のある白みそを使った菓子もつくられました。

粽（初夏）
中国から伝わったもので，端午の節句（5月5日）に食べます。米や米粉でつくった餅を笹の葉で包んで縛ったものが一般的。室町時代から粽を宮中に献上してきた「川端道喜」がよく知られ，古くからの製法を守り伝えています。

水無月（夏）
水無月とは旧暦6月（今の7月ごろ）の呼び名で，宮中では6月1日に氷を食べる行事がありました。昔は氷がとても貴重だったため，京都の人々は氷に似せてつくったこの菓子を食べて，暑気払いをしました。今でも，6月30日に水無月を食べる風習が残っています。

春

引千切
引きちぎった形の餅やういろうなどに，あんやきんとんを載せたもの。ひな祭りに欠かせません。

さくら餅
こしあんを包んだ餅を，塩漬けにした桜の葉ではさんだもので，嵐山のおみやげとしても知られています。

夏

かしわ餅
粽と同じく端午の節句の菓子で，あんの入った餅を柏の木の葉で包んだもの。子孫繁栄の願いが込められています。

嘉祥菓子
旧暦の6月16日に，厄除けのために食べた菓子。室町〜江戸時代に広まった風習です。右の写真は宮中の嘉祥菓子の例。

ちご餅
7月13日に祇園祭の儀式で供えられる菓子。八坂神社門前のお店が代々お供えし、7月13〜31日は一般にも販売されます。

行者餅
祇園祭の役行者山ゆかりの菓子で、これを食べた者は疫病にかからなかったという言い伝えがあります。

秋・冬

吹き寄せ
カエデ、イチョウ、クリ、マツボックリなどをかたどった干菓子（生菓子に対して水分が少ない菓子）を、美しく盆に盛ったものです。

亥の子餅
多産で体の丈夫なイノシシにあやかって、旧暦の10月の亥の日に食べる菓子で、宮中行事に由来します。

◆言い伝えのある京菓子

松風
大阪にあった石山本願寺が織田信長に攻められたとき、食料不足を補うために、小麦粉や白みそなどでつくられました。後に、門主の顕如が当時を思い出して詠んだ歌にちなんで、松風という名前が付いたといわれます。江戸時代以来、西本願寺に納められる菓子です。

清浄歓喜団
唐菓子のひとつで、歴史の古い菓子です。米粉と小麦粉を練った生地であんを包み、油で揚げたもので、あんにはハッカ・丁子・ニッキなどで香りがつけられています。もともと、天台宗や真言宗の儀式で供えられていた菓子で、今でも祈祷の際に供えられます。

真盛豆
室町時代に真盛が、説法を聞きにきた人に配ったのが始まりとされ、豊臣秀吉がほめたことから茶人の間に広まりました。

麦代餅
農作業中の間食として食べたもので、収穫した麦で餅代を支払ったことから麦代餅という名前が付きました。

◆ 名所・寺社ゆかりの京菓子

みたらし団子（下鴨神社）
串にさした五つの団子は，下鴨神社境内にある御手洗池に浮いた泡を表しているという言い伝えがあります。また，人の体を表したもので，厄除けにしたともいわれます。古くから下鴨神社のお供え物としてつくられ，神社周辺の名物として有名です。

どら焼（東寺）
一般的などら焼きとは違い，クレープ状の薄い生地であんを巻いた棒状の菓子です。銅鑼（金属製の打楽器）を熱して焼いたことから付いた名で，東寺の弘法さん（毎月21日）のお土産として広まり，現在も東寺近くの菓子屋で毎月20日～22日に販売されます。

あぶり餅（今宮神社）
餅をちぎりながらきな粉をまぶし，竹串にさして炭火であぶったもの。白みそのたれをつけて食べます。

法螺貝餅（聖護院）
薄く焼いた生地で白みそのあんとゴボウを巻き，ホラ貝に似せたもの。年に1度，節分の日にだけ販売されます。

おせき餅（城南宮）
餅の上につぶあんをのせたもので，江戸時代初めにせきという娘が編み笠の上に並べて売ったのが始まりといわれています。

粟餅（北野天満宮）
江戸時代から続く菓子で，あんで包んだあん餅と，きな粉をかけた粉餅の2種類があります。

鎌餅（京の七口・鞍馬口）
カマに似た形の菓子で，京の七口のひとつ，鞍馬口で売られていました。

鳩餅（三宅八幡宮）
三宅八幡宮の使いである鳩をかたどった米粉の餅で，抹茶やニッキ風味のものもあります。

唐板（上御霊神社）

薄くのばした短冊形の焼き菓子で、平安時代、神泉苑に供えられました。応仁の乱のあと、上御霊神社前の店の初代が復活させ、今も大切に受け継がれています。

やきもち（上賀茂神社）

あんを包んだ餅に、軽く焼き目をつけたもの。葵祭にちなみ「葵餅」の名があります。

長五郎餅（北野天満宮）

薄い餅皮であんを包んだ菓子で、豊臣秀吉が気に入ったことから、北野名物となった由緒のある菓子です。

狐煎餅（伏見稲荷大社）

白みそ・砂糖・ゴマ・小麦粉でつくった生地を、キツネの面の形に焼き上げた煎餅菓子です。

このように、京菓子は、宮中の年中行事や自然とのかかわりの中で生まれたものや、寺社や街道など人が集まる場所で生まれて名物となった菓子など、たくさんの種類があります。どんな味がするのか、食べ歩いてみるのもいいですね。また、その菓子の名前の由来や、歴史についても調べてみましょう。きっと面白い発見が待っていますよ。

暮らしと食　京菓子

京都 話のポケット

母の愛の味「幽霊子育飴」

飴に幽霊なんて怖い話ですが、実は子を思う母親の大変悲しい話が伝わっているのです。昔、東大路通松原西の六道珍皇寺の近くに飴屋さんがありました。ある日の夜中、女の人が戸をたたき「飴を売ってください」といいます。次の日もその次の日も。不審に思った飴屋さんが、女の後をつけると、墓地のなかにスーッと消えました。お寺の和尚さんにわけを話すと、「たしかに最近、おなかの大きい妊婦が亡くなり埋葬した」というのです。墓地を掘ってみると、生まれたばかりの赤ちゃんが飴を食べていました。和尚さんは母の思いに感動して子どもを引き取って育て、後にその子はえらいお坊さんになりました。幽霊子育飴は、今も、六道珍皇寺近くの店で売られています。麦芽糖でつくられた素朴な味です。

1-6 かずかずの銘酒・伏見の酒

　京都市の南部にある伏見は、日本酒の生産地として、全国的に知られています。現在、20を超える酒蔵・蔵元が、酒づくりの伝統を受け継いでいます。

◆受け継がれてきた酒づくり

　2千数百年前、稲作が伝わり、米からの酒づくりも始まりました。飲むと次第に気分が楽しくなるという不思議な飲み物でしたから、これを「神酒」として、まず神様にささげた後で、みんなでその酒を楽しみました。

　京都では、平安時代の初めから、朝廷に「造酒司」という酒づくり専門の役所がありました。10種類ほどの酒がつくられるなど、当時の酒造技術は驚くほど進歩していたのです。やがて、鎌倉時代になると、京都は酒の大生産地となり、室町時代には347軒もの酒屋があったようです。

　江戸時代初期になると、さらに京の酒づくりは発展しましたが、その後、伊丹などほかの地域の酒が入ってくるようになって、洛中の酒は次第に減っていきました。

　伏見で酒づくりが盛んになったのは、豊臣秀吉が伏見城を築き、城下町をつくってからです。江戸時代初期には高瀬川が開通して、伏見は、港町・宿場町として発展し、それとともに伏見の酒も栄えました。しかし、その後、洛中へ売ることが禁じられたり、滋賀県の酒が流入したりして、その販売に苦労が続きました。

　伏見の酒が飛躍的な大発展をとげたのは、明治時代以降です。酒の腐敗防止のため、当時まだ珍しかったビン詰めの商品に力を入れたり、汽車を利用して

◆月桂冠大倉記念館
館内では酒づくりの工程や歴史を展示資料で見ることができます。

◆錦天満宮の名水
（中京区新京極通四条上る）

◆御香宮神社の名水
（伏見区）

東京への売り込みに努めたりするなど，数々のアイデアと努力が実を結び，全国に流通するきっかけをつくりました。

その精神は今も変わらず，京都を代表する銘酒が数多くつくり続けられています。

◆名水から銘酒が生まれる

京都の街や周囲の山々に降った雨は，鴨川や桂川に注ぎ込んだり，地中深くしみ込んで地下水となったりします。この質のよい地下水が，豆腐や酒などに代表される京都の食文化を支えてきたといえます。酒の名産地である伏見も，昔から「伏水」といわれる豊かな地下水に恵まれてきました。この水は，カリウム・リン・カルシウム・マグネシウムなどが適度に含まれた「中硬水」で，おいしい酒がつくりやすく，また，お酒の色や香りを悪くする鉄やマンガンが少ない「名水」なのです。

暮らしと食　伏見の酒

京都市では，伝統産業の清酒（日本酒）による乾杯の習慣を広めることで，日本文化を理解するきっかけとするため，全国で初めて「京都市清酒の普及の促進に関する条例」を制定しました。

京都話のポケット　室町時代から栄えた京の酒

室町時代には，洛中に300軒を超す酒屋がありました。なかでも今の下京区五条あたりにあった「柳酒」は品質が特にすぐれ，生産量も群を抜いていたため，全国的に有名になって，歌謡にも登場したほどでした。当時，酒屋は金融業も兼ねていましたが，室町幕府は，「酒屋役」や「土倉役」という税金をかけ，幕府の財源としました。

2. 京町家の暮らしに庶民の知恵

2-1 京の町家は「うなぎの寝床」

　京都の町中を歩くと、100年以上も前に建てられた古い家が残っているのを目にします。これらの家は、町家といわれています。

　京の町家は、通りに面している間口がせまく、奥行きが深いつくりになっています。このような特徴から、「うなぎの寝床」と呼ばれています。

◆ 京の町家

◆ なぜ「うなぎの寝床」に？

　どうしてこのようなつくりにしたのでしょうか。間口をせまくした理由は、二つあるといわれています。昔は間口の広さによって税金の額が決められていたので、間口をせまく、奥に長くして税金を節約したというのが一つの理由です。もう一つの理由は、間口をせまくすることで、通りに面して並ぶ店の数を増やし、にぎわいをもたそうとした、ともいわれています。

◆ 町家の間取り図

◆ 町家に見るさまざまな工夫

　実際に町家を訪ねてみると、表から奥に「通り庭」が続いていることに気づきます。「おくどさん」（かまど）、「はしり」（流し）、井戸などがあります。この通り庭に沿って、店・客間・座敷が並び、奥庭があります。通り庭の中間あたりに、「よめかくし」といわれる板やついたてがあります。よめかくしを境に、奥のほうはプライベートな内向きの生活スペースに、反対の通りに面する側は、表向きのスペースにわけられています。また、美しい「中庭（坪庭）」をつくったり、「お香」などをたい

たりして，客をもてなしていました。

　家の外側にも，さまざまな工夫がされています。風通しがよく明るいうえに，外からは見えにくい「格子」，泥はねから家を守る「犬矢来」，防火壁などとしてつくられた「卯建」，屋根の上から家を守る「鍾馗」などがあります。

> このように，京都の町家には，生活の中でのさまざまな工夫がなされています。このほかにも，どのような工夫がされているのか，町家に行って探してみましょう。

　最近では，町家を改装したお店も数多くあります。皆さんも「町家」に行って，京の情緒を味わってみませんか。

◆ 犬矢来
竹や丸太を縦横に組んでつくった囲い。泥はねから家を守り，美しい町並みづくりに一役かっています。

◆ 鍾馗
家の守り神とされ，小屋根の上にまつられています。古い町家を見かけたら小屋根の上を探してみましょう。

◆ 卯建
建物の両側に「卯」字形に張り出した小屋根付きの土壁。装飾と防火を兼ねています。

◆ 格子
細い角材を縦横に間をすかして組んだもの。風通しがよく，外からも見えにくい。

暮らしと食
京の町家

京都 話のポケット

「うだつ」は上げたいもの

　古い建築用語の「卯建」には，二通りの意味があります。屋根を支える横木の上に立てて，屋根の棟木を受ける短い柱のことを「うだつ」といいます。

　そこから，屋根の重みに押さえられたうだつのように，常に上から押さえられて良い境遇になれないことを「うだつが上がらない」というようになったとされます。

　二つ目の意味は，家の屋根の端に，隣りの家が火事になっても燃え移らないよう，防火用に立てた小屋根付きの土壁のことも，うだつといいます。この壁を設置することを「うだつを上げる」といい，金持ちでなければ上げられなかったことから，金持ちになれない場合を，「うだつが上がらない」というようになったとの説もあります。

2-2 夏を涼しく, 町家の工夫

冬はどのような所にも住むことができるが, 暑いのだけは我慢することができない。夏場に涼しく快適にくらすことができる家が一番良い。

この言葉は, 鎌倉時代に, 吉田兼好が『徒然草』に記した一文を, 現代文に訳したものです。京都の夏は, 盆地という地形のため, うだるようなむし暑い日が長く続きます。そこで, 人々は暑い夏を少しでも心地よく過ごすために, 町家にもさまざまな工夫を加えました。その工夫をのぞいてみましょう。

◆ 見た目にも涼しい「建具替え」

6月1日になると, 家によっては, 住まいの家具や敷物を夏用に替える「建具替え」をするところがあります。襖や障子を葦戸や簾に替えたり, 畳の上に籐でできた敷物を敷いたりするのです。葦や籐という素材は, はだざわりがひんやりと心地よく, 見た目にも涼しげです。夏場には, 日よけの「よしず」（すだれ）を軒から下げている家もよく見られます。家具だけではなく, 照明器具の明るさを落とすなどして, さらに涼しさを演出する家もあるようです。建築の材料や部屋の様子が変わってきたので, 今では建具替えも少なくなってきました。

◆ **建具替え**
子どもも手伝って葦戸に替えています。風通しもよく, 見た目にも涼しげです。

京都 話のポケット

見直される「打ち水」の習慣

京都の平均気温は, 100年前に比べると, 約2度も高くなったといいます。地球温暖化防止のためには, 身近なところで何ができるのでしょうか？

今, 見直されているのが「打ち水」の習慣です。かつては京の町家で朝夕, 門掃きとともによく見かけた光景でした。ひしゃくでバケツの水をすくって, 道や庭などにていねいにまいていきます。平均1度は下がるというデータもあります。京都市では「第3回世界水フォーラム」を記念して設置された雨水タンクの水を利用して, 打ち水を行っている学校もあります。先人の知恵も, みんなで見習えばさらに効果が上がることでしょう。

◆交流の場にもなる「夕涼み」

　昼間はとても暑い京都盆地ですが，不思議なことに夕方には，すうーっと山の冷気が市内に流れこみ，気持ちの良い風が吹くことがあります。夕暮れ時から夜にかけて涼むことを，「夕涼み」といいます。町家で暮らす人々は，うちわを片手に，床几に腰掛けて夕涼みを楽しみました。将棋をさしたり会話を交わしたりして，近所との交流の場にもなっていました。

◆家の表には「ばったり床几（あげみせ）」

　京都の町家の多くには，家の表に「ばったり床几」と呼ばれるものが取り付けられています。折りたたむことができ，「ばったり」上げたり，下ろしたりすることから名がついたのでしょうか，おもしろいですね。ほかにも，細長くて持ち運びのしやすいものなど，床几には使い道に合わせて，いくつかの種類があります。主に店頭で商品を並べたり，腰掛けたりするために使われます。

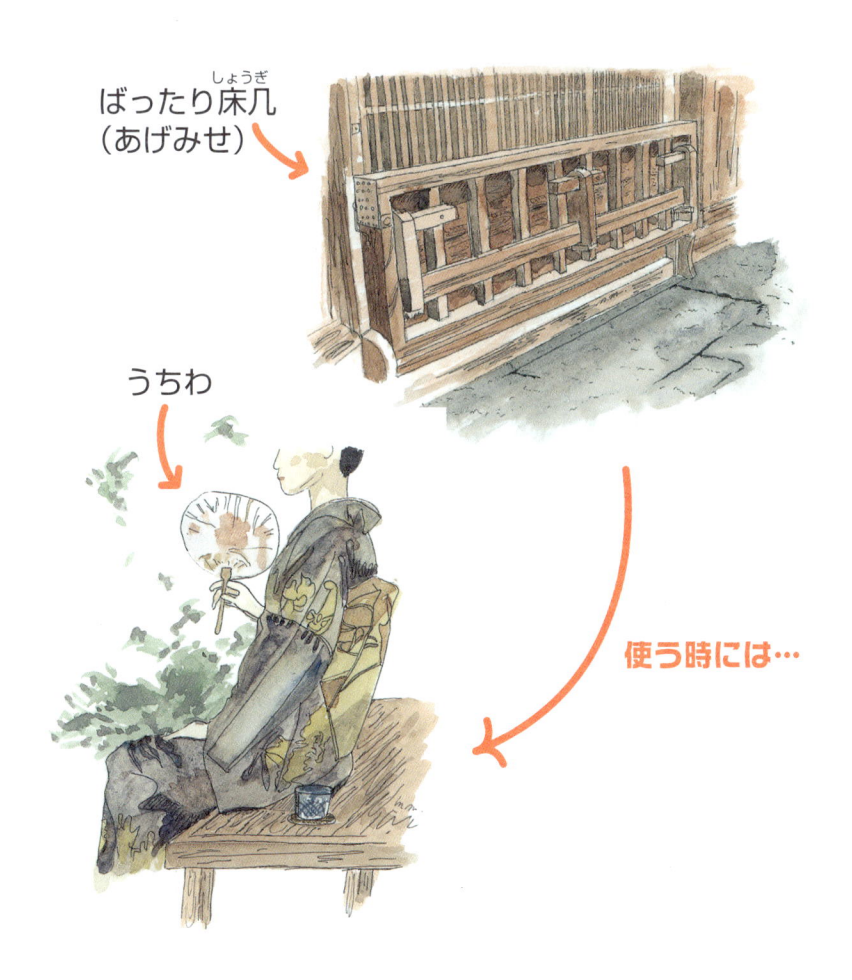

ばったり床几
（あげみせ）

うちわ

使う時には…

暮らしと食
京の町家

3. 着物に親しむ機会が多い京都

> 京都をつなぐ無形文化遺産
> (→111ページ参照)

　「京の着だおれ，大阪の食いだおれ」という言葉を聞いたことがありますか。これは，京都の人は着るものに，大阪の人は食べるものに惜しみなくお金を使い，ときには財産を失ってしまうほどぜいたくをするという意味の言葉です。

　京都には，着物づくりの高い技術と文化がありますが，京都の人がいつも高価な着物や服を着ているわけではありません。普段は質素な生活を心がけ，お正月やお祭りなど特別な日，「晴れの日」に上等の着物を着て華やかさを競い，その日が特別であるということを際立たせるのです。

◆ **着物にも表れる『もったいない』の文化**

　今は食べ物を残したり，まだ着られる服でも捨ててしまったりしがちですが，昔は食べ物やモノを粗末に扱うと「もったいない」と先生や親からよく言われたものです。

　2004（平成16）年にノーベル平和賞を受賞したケニアのワンガリ・マータイさんは，翌年来日したとき，「もったいな

◆ 晴れ着で初詣でする参拝客（平安神宮）

京都話のポケット

京都市の「はたちを祝う記念式典」（成人式）は日本一

　着物を着ると，とても礼儀正しくなります。着物は着る人の心を引きしめるからです。そして着物は素材やデザインに季節感を取り込み，暮らしのルールや礼儀作法などを育てて，茶道や禅，能・狂言といったすぐれた文化を生み出したのです。「はたちを祝う記念式典」では，新しい門出を迎えた着物姿の成人が多く見られます。京都市では，小学校4年生が参加する「1/2成人式」をはじめ，市民みんなで成人を祝い励ます，さまざまな取り組みを市民とともに進めています。平成17年には全国から選ばれる「成人式大賞」を受賞しました。

◆ 礼儀正しく，温かい雰囲気のなかで進められる「京都市はたちを祝う記念式典」（成人式）。

い」という言葉を初めて知り，「『もったいない』の考え方こそ，環境問題を考えるのにふさわしい」として世界にこの言葉を広めることを提唱しました。一見，古くさいように思われがちだった考え方は，じつは世界を救う新しい考え方だったのです。

　着物は洋服ほど流行がなく，子や孫の代まで受け継がれることが少なくありません。古くなっても座布団などほかのものに作り替えて利用したりします。着物には今も，『もったいない』の考え方が息づいていると言えます。この考え方をわたしたちは大切に守り，育てていきたいものです。

◆着物の良さを見直す取り組み

　京都では，西陣織や友禅染などの着物産業や，茶道や華道などの伝統文化が盛んで，着物に親しむ機会がたくさんありました。このような土地がらから，京都の人は着物に対する愛着が強く，本物を見る目も養われてきたのでしょう。

　現在，京都では，着物の良さをたくさんの人に知ってもらうために，さまざまな取り組みが行われています。着物で出かけると，博物館の入館料やコンサート料金，タクシー料金などが割引になるサービスもそのひとつです。

～ 着物が世界に羽ばたく ～

　日本人の暮らしが大きく変わり，街角から着物姿が消えたようにも見えますが，着物は現代にも生き続けています。それどころか，未来にも立派に羽ばたこうとしています。

　高度な技術と洗練された感性をはぐくんできた西陣織や京友禅のデザインが，世界のファッション界に注目され，着物の洗練された図柄や色彩が，世界の有名ブランドのデザインに数多く取り入れられているのです。

　身近なところでは，着物のアクセサリーだった和装小物の袋物や風呂敷，茶道に使う袱紗，香袋などが新鮮なおしゃれグッズとして若い人たちの人気を集めています。着物姿は少なくなっても，日本文化の原点である着物文化は，未来に向けて進化しているのです。

◆友禅柄のTシャツ

◆西陣織の手さげバッグ

4. はんなりほっこり「京ことば」

4-1 独特で奥深い「京ことば」

　日本各地には、たくさんの方言があります。関西弁・関東弁・東北弁・九州弁など、その地方で昔から使われている独特の言葉が方言です。その中でも、古くから使われている言葉として「京ことば」があります。

　同じ近畿地方の大阪などでは、一般的に関西弁（大阪弁）が使われていますが、「京ことば」は京都でだけ使われる言葉です。その言葉の意味はなかなか難しく、いろいろな意味を含んだ言葉や、意味がわかりにくい言葉もたくさんあります。

京ことばの代表的な特徴

① 独特の発音

　独特な発音の例としては、「歯」のことを「ハー」、「路地」のことを「ロージ」、「買って」を「コーテ」というように、音をのばして発音する言葉があります。使い方としては、「おかあはん（おかあちゃん）、お菓子こーてーな。」というふうになります。

② 強調するときには同じ言葉を2度繰り返す

　とてもすごいことと、強く人に伝えたいことは、京都では同じ言葉を2度繰り返します。標準語でなら、「とても暑いね」というところが、「暑い暑いわ」となります。2度繰り返すことで、その状態が大変なことだという意味になります。

③ 何となくゆったりした感じがする

　京ことばというと、やさしく、ふわっとしたニュアンスの印象が強いですね。標準語では「何してるの？」、関西弁では「何してるん？」、京ことばだと「なにした（て）はるの？」というように、どことなくやさしく、のんびりとした印象を受けます。

④ 変わった尊敬語の使い方

　敬語というと、年上の人や目上の人に使うのが正しい使い方だということは、皆さん知っていますね。標準語では「車に乗っておられる」、京ことばでは「車に乗っ

たはる」というふうになります。ここまではごく当たり前なのですが，京ことばでは，友だちや自分の子どもにも尊敬語を使って話すことがあります。

「〇〇ちゃん，いま，公園で遊んだはる。」という言い方がよく使われますが，少し不思議な感じがします。

⑤ 京の茶づけ（ぶぶづけ）

京都人の性格を表すエピソードとして有名なものに，古くから「京の茶づけ（ぶぶづけ）」という落語があります。そのお話は，京都では客が帰ろうとして履物をはいてから，「お茶づけでもどうどすか？」と言う習慣がある，ということが前提になっています。

まさか，「では，いただきます。」とまた上がり込む客なんているはずがなく，それをわかっていて言っているのだから京の人はケチンボだ，という悪口につながる落語です。

最近では，食べ物を勧めているようで，本当は「早く帰ってほしい」という意味だという，ものごとをはっきり言わない京都人特有の遠回しな言い方の代表例にもされています。

しかし，京都人へのこういった悪口はどう考えても当たっていません。どうして，こんな話が生まれたのでしょう。京都には，すぐき・千枚漬・柴漬…と，お茶づけには欠かせない漬物の名産品が多いことと関係があるのかもしれませんね。

このほかにも，京都で使われている言葉には，独特なものがたくさんあります。そんなものをいろいろ探してみたり，ふだん，皆さんが使っている言葉を見つめ直したりして，おもしろい言葉を見つけてみましょう。

京都 話のポケット　「下らない」から「くだらない」

江戸時代，京都や京都を中心とする近畿地方のことを「上方」といいました。上方は，都があったことから，文化も産物も日本の中でトップクラスの地域とされていました。当然，その上方から地方へ送られてきた物は，「下り物」といって，めずらしいものとして大切にされました。例えば，江戸でも下り酒といえば上方から輸送されてきた酒，また下り雛といえば京都から輸送されてきた雛として大切にされました。下り物という言葉には，優れた物，という意味があったのです。そこで，下り物にならない，つまらないことや物を「下らない」というようになりました。

4-2 いくつ知ってはる？「京ことば」

京都には，独特の言葉があります。皆さんは，次のような言葉を聞いたり，使ったりしていますか。

- あ　が　る …（上る）南北の通りを北へ行く
　　　　　　　「河原町をあがって，少し行ったところに学校があります。」
- い　ら　う …（触る）「それは，危ないしいらわんときや。」
- お ー き に …（ありがとう）「おーきに，おかげで助かったわ。」
- おこしやす …（歓迎して）いらっしゃいませ「遠いところからようこそ，おこしやす。」
- か ん に ん …（ごめん，許して）「かんにんしてーな。」
- き　ば　る …（がんばる，力む）「ようきばったなー。」「あんまりきばったらあかんでー。」
- けったいな …（変な，おかしい）「けったいなことを言うなあ。」
- さ　が　る …（下る）南北の通りを南へ行く
　　　　　　　「あそこの道をさがったところに，中学校があるよ。」
- じゅんさいな …（いいかげんな，どっちつかずの）
　　　　　　　「じゅんさいなこと言わんとちゃんとし。」
- しょーもない …（仕様もない）つまらない「こんな時に，しょーもないことして。」
- し ん ど い …（つかれたときにフッともらす言葉）
　　　　　　　「体育の授業は，しんどいわ。」「しんどい」を通りこしてつらくなると，
　　　　　　　「へたる」と言います。「もう体がへたってしもたわ。」
- そ ー ろ と …（ゆっくりと）「そーろと持って行くんやで。」
- た　ん　と …（たくさん）「たんとお食べ。」
- で ぼ ち ん …（おでこ）「でぼちんにボールが当たって痛い。」
- な　お　す …（かたづける）「おもちゃをきちんとなおしときや。」
- ね　　　き …（そば）「自動車のねきに寄ったら危ないえ。」
- は ん な り …（上品で明るく晴れやかな様子）色合いについて言うことが多い
　　　　　　　「この着物は，はんなりとした色合いやな。」
- ぶ　　　ぶ …（お茶）お茶漬けは，ぶぶづけ「ぶぶでも飲んで，いっぷくしよか。」
- へぇ・へー …（はい）「へぇ，おおきに。」「へー，おおきに。」はい，ありがとう
- ほ　か　す …（捨てる）「そんなとこにほかしたらあかん。」
- ほっこりする …（ほっとする，つかれが出る）ひと仕事終えて，精神的なつかれを感じた
　　　　　　　ときに出ることば「やっと試験も終わって，ほっこりしたわ。」
- ま っ た り …（食べ物のとろんとしたおだやかな口あたり）
　　　　　　　（落ち着きのあることを言うこともある）
　　　　　　　「このおぞうに，まったりとしておいしいな。」
- や や こ し い …（複雑な，わずらわしいなど）「ややこしいこと言わんといて。」

京の花・木

緑を守り育てる運動を，より広く市民とともに進めていくために，1972（昭和47）年に市民の手により選ばれました。

さとざくら	つばき	つつじ
たかおかえで	かつら	しだれやなぎ

まち全体を学びと育ちの場に！大人みんなが先生に！

あつまれ！
京わくわくのトビラ

市民の皆さんによって作り出された学びと育ちの場での活動を通して，市民みんなで子どもたちを育んでいこうという取組です。広報紙やホームページには，京都ならではの学習資源を活かしたさまざまな催しものが掲載されています。

ホームページにも多数の催しもの情報を掲載中！

→ ホームページ

広報紙

◆ 明治時代の渡月橋（明治初期の彩色写真＝国際日本文化研究センター蔵）

渡月橋は洪水のたびに流され，明治の初めにも流されて仮設の橋が架けられました。上の写真が当時の仮設の橋です。

環境と自然
京都の豊かな自然

1 「山紫水明」の美しい都 京都

　京都は，北・東・西の三方を山に囲まれ，東に鴨川，西に桂川が流れる山紫水明の都として受け継がれてきました。古くから，景色の美しい景勝地として知られる場所も多く，数多くの和歌や詩歌にも詠まれてきました。

　京都市街の東側を流れる鴨川は，昔はたびたび氾濫して大きな被害を出しましたが，整備が進んだ今では，河岸が市民の憩いの場になっています。

　京都市内の西側を流れる桂川は，かつては木材や農作物を舟で運ぶために使われていました。桂川が流れる嵐山・嵯峨野の辺りは，桜や紅葉が美しく，平安時代に貴族の別荘地になって以来，京都の代表的な観光地のひとつとなっています。

◆ 嵐山の風景と一体，観光名所　渡月橋（右京区）

　桂川にかかる渡月橋は，月が橋を渡る様子に見えるとして，鎌倉時代の亀山天皇が名付けたともいわれていますが，定かではありません。洪水のたびに何度も流され，

小倉百人一首誕生の地にある「嵯峨嵐山文華館」

　2018（平成30）年にリニューアルオープン。「百人一首」に関する展示や歌仙人形などがあり，百人一首の歴史や魅力を知ることができます。また，嵐山嵯峨野地域には小倉百人一首の歌碑100基が建立されています。

現在の橋は1934（昭和9）年につくられたもので、嵐山の風景がより一層引き立つように設計されています。

◆頼山陽が書斎に名づけた山紫水明処（上京区）

鴨川にかかる丸太町橋から北を見ると、すぐ左手に小さな萱葺きの建物が建っています。江戸時代後期に学者や詩人として活躍した頼山陽が自宅の庭に建て、自ら名付けた書斎「山紫水明処」です。そこから見える、「東山三十六峰」と呼ばれる東山の山並みと鴨川の景色の美しさを「山紫水明」と言い表し、書斎の名前にしました。この言葉には、「山は紫色で、川は清らかで透き通っている」という意味があります。この場所は全国からさまざまな人が集まる文化サロンでした。山陽の有名な歴史書『日本外史』もここで書き上げられました。

◆東山の山並みと鴨川の景色を望む「山紫水明処」
（頼山陽旧跡保存会）

◆鴨川に群れる冬の風物詩 ユリカモメ

10月下旬になると、鴨川でユリカモメの群れを見ることができます。1974（昭和49）年に初めて姿を見せてから、一時は8000羽近くが確認されましたが、近年は飛来数が減ってきています。昼は鴨川で過ごしていますが、夕方になると寝ぐらの琵琶湖に集団でもどって行きます。4月から夏の間は、気温の低いカムチャッカ半島などで過ごします。

◆鴨川の土手でひと休みするユリカモメ

自然の豊かな鴨川や桂川では、いろいろな野鳥を見ることができます。季節が変わるごとに、見かける鳥の種類も違います。姿・色・形だけではなく、鳴き声も鳥によっていろいろあります。声を聞き比べてみるのも面白いかもしれませんね。

◆ 新緑がきれいな深泥池

② 年齢は「2万歳」の深泥池

　地下鉄「北山駅」から北へ行くと、三方を小高い山に囲まれた小さな池に出合います。名前は深泥池といい、南西側はすぐ近くまで住宅街が迫る、何の変哲もない池のようですが、実はここに2万年も前からの水生生物がたくさん生き残っているのです。

　2万年前といえば、この地球が、寒冷な気候の続く氷河期だったころ。そんな時代の植物や昆虫たちが、大都市の中に今もなお生命を維持しているなんて、奇跡です。池の大きさは、周囲約1.5キロメートル、水深は最も深いところで2メートル前後です。深泥池の生物群集が、国の天然記念物に指定されています。

◆氷河期からの生物を守る浮島

　池の3分の1近くを占める浮島があるのが、深泥池の一番の特色でしょう。日本では、尾瀬（群馬・福島・新潟の3県にまたがる）とか北海道など寒い気候の地域でしか見られないもので、この浮島が深泥池に生息する氷河期以来の生物の命を、今日まで守ってきたともいえます。

　浮島とは、文字どおり水面に浮かんで見える島のことです。島をつくっているのは、ミズゴケなど植物が腐敗せずに泥炭化して、積もり積もったものです。島の厚みは2メートル近くあり、夏には浮き上がり、冬は水面近くまで沈むなど、季節で上下に移動します。

◆ 冬季の浮島

自生する植物

◆4〜5月にかけて白い花をさかせるミツガシワ

◆6〜8月に開花するヒメコウホネ

◆世界でただ1種の水生グモも住む

植物で代表的なのはミツガシワ。氷河期から生き残っている植物です。春になると、水面いっぱいに白い花を咲かせます。浮島にはミズゴケのほか、北極に近い地方にしか育たないホロムイソウも自生しています。トキソウやヒメコウホネ、ミミカキクサ、ジュンサイ、花の色が白いカキツバタなど、寒冷な気候を好む、実に多種類の植物が生息しているのです。

昆虫

◆チョウトンボ

動物でたいそう珍しいものに、ミズグモが挙げられます。クモは世界に約3万5千種類いますが、水中に住むのはこのミズグモただ1種です。ほかにも、およそ60種類のトンボが見つかっており、カイツブリやマガモなどの水鳥の姿もよく見かけます。深泥池は、まさに貴重な生物たちの宝庫といってよいでしょう。

◆環境を守り後世へ残すことが大切

深泥池を訪ねると、池の周囲には案内掲示板とともに、「魚釣り禁止」や「ごみの投げ捨て禁止」、「野鳥のエサやり禁止」の立て看板が目につきます。それは、2万年も前から生き続けてきた生物たちの生活環境を破壊しないよう、みんなに注意を呼びかけているのです。

水が冷たく、酸性で栄養分が少ないのが、深泥池の昔からの環境です。ところが、近年、外来種の魚や植物が急速に増えてきました。おそらく、心ない人が池に放したり、捨てたりしたものでしょう。とても貴重な深泥池の自然を将来に伝えるのも私たちの大事な務めですね。

環境と自然
深泥池

◆真っすぐに伸びた北山杉が山の頂上まで整然と植えられています。

③ 「京都府の木」北山杉の美林

　土の匂い。木の匂い。…立ちそろう杉の木立の中に苗子が立っていた。…『…きれいな杉木立やね』…

　ノーベル文学賞を受賞した川端康成の有名な小説『古都』に出てくる一場面です。
　京都駅から，バスで1時間弱。紅葉で有名な高雄を過ぎると，清滝川をはさんで，真っすぐに伸びた見事な北山杉のながめに出合います。このあたりは中川（北区）と呼ばれ，『古都』の舞台にもなった場所で，全国的にも有名な北山丸太のもとになる北山杉のふるさとです。
　ここは自然が豊かなだけでなく，1年を通して気温が低く，ほどよく湿り気の多い空気が，北山杉を育てるのにこの上ない条件をつくり出しています。
　川端康成は，しばしばここ北山の里を訪れ，京都の人たちやその心に深い思いを寄せていたようです。
　北山杉は1966（昭和41）年，「京都府の木」に選ばれています。

◆磨き丸太
杉の皮をはいだ丸太を，砂をつけてきれいに磨き，水で砂を洗い落とします。

◆ 40年かけて立派な木に育てる

　北山杉の歴史は古く,約600年も前の応永年間(1400年ごろ)までさかのぼります。その美しさから,多くの建築物に北山杉でつくられる磨き丸太が用いられてきました。千利休が完成させた茶道の流行によって,茶室が数多くつくられるようになり,その建材に用いられたことで,ますます活用されるようになりました。

　北山杉は,主に床の間の床柱材として用いられるため,節のない美しい杉を全体的に同じ太さに育てなければなりません。そのために,数年おきに「枝打ち」という枝を切り落とす世話をして,りっぱな北山杉が育つまでに約40年もかかるといわれます。切り出された北山杉は,皮をはいで乾燥させ,ていねいに磨かれて床柱材が完成します。

　こうして,長い年月と手間ひまかけた作業によってできる「北山丸太」は,その木肌の美しさや温かさから,全国でも有名な銘木とされています。

◆ 床柱材に用いられる北山杉

伝統的な方法「台杉仕立て」

　「台杉仕立て」とは,1本の幹を土台にして,その上でいくつもの細い幹を育てる技術です。傾斜の急な山でも効率的に生産するために工夫された,伝統的な栽培方法です。台杉仕立ての北山杉は,主に住宅建築材の一部として用いられてきましたが,建築方法の変化などによって需要が低下し,今ではあまりつくられなくなりました。しかし,見た目が美しいことから,観賞用として使われるようになっています。

4 地球温暖化防止へ京都議定書

　皆さんは,「地球温暖化」という言葉を聞いたことはありますか？ 地球の周りには二酸化炭素などの「温室効果ガス」と呼ばれる気体があり, 地球から宇宙へ逃げていく熱を吸収する「温室」のような働きをしていて, そのおかげで生き物が地球で生きることができる温度になっています。しかし, エネルギーをたくさん使ったり, 燃やすごみの量が増えたり, 森林がへったりすると, 温室効果ガスが増え, 地球の気温が上がります。このことを「地球温暖化」といいます。

　実際に地球の平均気温は, 100年あたり0.75℃上がり, 京都市では約2℃上がっていて, このまま地球温暖化が進むと, 海面が上昇して島や砂浜が海に沈んでしまったり, 激しい雨で洪水などの災害が起きたり, 食料が不足したりするなど, 大きな被害が起こるといわれています。

温暖化が続けば地球はどうなるのでしょうか？

海面が上がる
海水が温かくなってふくらんだり, 南極などの氷が溶けたりなどで海面が上がり, 島が沈み, 砂浜がなくなる可能性があります。

異常気象が増える
大型の台風や, ゲリラ豪雨のような激しい大雨による洪水などの災害が起こる可能性が高くなります。

健康に被害が生じる
気温が高くなって, 熱中症にかかりやすくなったり, 病気を移す蚊の生息地が増えたり, 健康が脅かされる可能性があります。

食料が不足する
食べ物がおいしくなくなったり, 害虫が増えて農作物が育たなくなったりして, 収穫量が減る可能性があります。

自然の生態系が変わる
生き物が絶滅する可能性が高くなったり, 桜の開花が早くなったり, 紅葉の色づきが遅くなったりします。

水を取り巻く環境が変わる
水温が上がって水が汚れたり, 雨が少なくなって川の水が減ったりする可能性があります。

　温室効果ガスが増えた理由は, 石炭や石油, 天然ガスなどの化石燃料を燃やす時に出る二酸化炭素が増えたためと言われています。皆さんが使う電気やガス, 車のガソリンなどの多くは化石燃料を使って作っています。また, ごみを燃やす時も二酸化炭素が出ます。そのため, 毎日の暮らしで, 電気やガス, ガソリンをなるべく使わない, ごみになるものをできるだけ買わないことが大切です。

◆地球温暖化防止京都会議
（1997年12月，国立京都国際会館）

世界で地球温暖化防止の取組を進めるため，1997年12月に「地球温暖化防止京都会議（COP3）」が開催され，歴史上初めて，地球温暖化対策についての国際的な約束事を示した「京都議定書」が採択されました。そして，2016年11月には，21世紀後半の地球の平均気温の上昇を2℃より低く，できれば1.5℃に抑えるよう努力するという目標などを示した「パリ協定」が発効しました。

また，2018年11月に発表された，世界の科学者があつまるIPCC（気候変動に関する政府間パネル）の報告書では，気温上昇を2℃ではなく1.5℃に抑えることで地球温暖化の被害を明らかに減らすことができ，そのためには「2050年頃までに二酸化炭素排出量を正味ゼロ」にする必要があることが示されました。

京都市では，「京都議定書」誕生の地としての誇りと責任のもと，2019年5月に，IPCCの会議の京都市開催を記念したイベントで，京都市長が日本の都道府県や市町村の長の中で初めて「2050年二酸化炭素排出量正味ゼロ」を目指すことを発表しました。

また，IPCCの会議では，二酸化炭素などの排出がどのくらい減ったかを知るために必要な，排出量の計算方法を示した「IPCC京都ガイドライン」ができました。

豪雨や猛暑など，気候危機ともいえる状況となっているため，「2050年二酸化炭素排出量正味ゼロ」の実現に向け，2020年12月に，「京都市地球温暖化対策条例」を見直しました。その上で，2050年までの中間目標として，温室効果ガスを「2030年度までに2013年度に比べて46％減らす」という高い目標を立て，「ライフスタイル（暮らし）」，「ビジネス」，「エネルギー」，「モビリティ（移動など）」を二酸化炭素が排出しないように転換することを柱に，取組を進めています。

例えば，毎月16日に環境に良い暮らしをする「DO YOU KYOTO？デー（環境にいいことをする日）」の呼びかけや，地域の取組をサポートする「エコ学区」事業，市民・事業者の皆様が温室効果ガスを効果的に減らすための省エネに関するアドバイス，家の屋根への太陽光発電設備の設置の拡大などに取り組んでいます。

環境と自然
京都議定書

二酸化炭素排出量正味ゼロとは

排出される二酸化炭素が森林などですべて吸収され，ゼロになった状態のことです。吸収する量にも限りがあるので，二酸化炭素の排出量を大幅に減らすことが不可欠です。

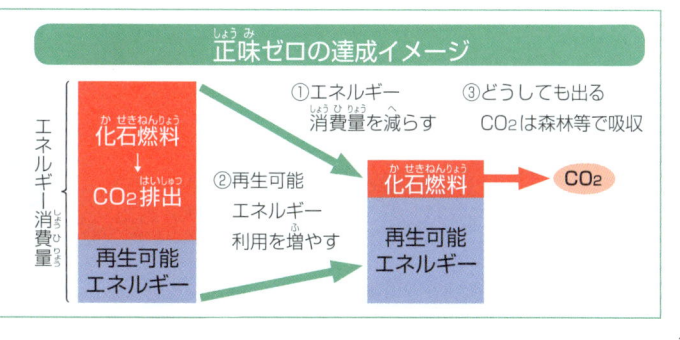

正味ゼロの達成イメージ

①エネルギー消費量を減らす
②再生可能エネルギー利用を増やす
③どうしても出るCO_2は森林等で吸収

エネルギー消費量：化石燃料（CO_2排出）＋再生可能エネルギー → 化石燃料＋再生可能エネルギー → CO_2

観光

京都観光を考えよう

1 国際文化観光都市・京都

◆京都を訪れる観光客

2019（令和元）年の1年間に京都市を訪れた観光客は，5352万人と7年連続で5000万人を超えました。

これは，長年にわたり大切にしてきた京都の文化や伝統が，国内外のみなさんをひきつけているだけでなく，観光客が少ない時期にキャンペーンを行ったり，外国語のホームページで観光PRを行ったりするなど，旅館やホテル，みやげもの店，料理店，交通機関，寺院や神社などをはじめ，京都の観光にかかわる全てのみなさんが力を合わせて取組を進めてきた成果といえます。

◆世界から評価される京都

2021（令和3）年，京都市は世界で有名な旅行雑誌の読者アンケートで，10年連続でベスト10の人気観光都市に選ばれました（2012（平成24）〜2021（令和3）年度）。

観光を通じて京都のイメージが高くなることで，新しい企業の京都への進出や，留学生をはじめ多くの学生の京都への進学につながるなど，私たちのまち京都は，国内外から注目を集めています。

◆人気観光都市 表彰式

2 なぜ京都は観光に力を入れているの？

◆京都に暮らす私たちの役割

　京都には，美しい自然や，世界文化遺産に登録されている寺院や神社，城をはじめ，たくさんの文化財があります。また，茶道や能などの伝統文化や芸術，西陣織や京焼，清水焼などの伝統産業，祭りや四季折々の行事など…。人々の暮らしは1200年を超える長い歴史の中で大切に受け継がれてきました。このように，日本の文化や伝統が今も生き続ける京都は，「日本のふるさと」，「日本の宝」とも言われ，全国，そして海外から観光客が訪れます。

　京都でしか味わえない感動を多くの人に感じてもらうことができたら素敵ですね。大切に受け継がれてきた京都の「宝」を次の世代へ，そして日本中，世界中の人に伝えていくことは，京都に暮らす私たちの役割ではないでしょうか。

◆私たちの暮らしを支える観光

　観光客は，ホテルや旅館に泊まって食事をし，バスや電車で移動し，おみやげを買うなど，いろいろなところでお金を使います。そうすると，お店などの売上も伸びてまちに活気が出てきます。観光客が2019（令和元）年の1年間に京都で使ったお金の総額（観光消費額）は1兆2000億円を超えました。これは，私たち市民のうち81万人（55.4％）が1年間で使ったお金（消費額）と同じ額にあたります。

　それだけではありません。例えば，料理の材料となる野菜をつくる農家，お店の広告をつくる会社，ホテルや旅館の布団やシーツをクリーニングするお店，おみやげや伝統工芸品などをつくる職人さんというように，さまざまな仕事につながっていきます。観光は，一部だけでなく，はば広い仕事とかかわりをもつ「総合的な産業」として，京都に暮らす私たちの生活を支えているのです。

◆観光がさかんになれば，たくさんの仕事が生みだされ，まちが元気になります。

数字で見る観光	
観光をささえる仕事にかかわる人数	京都の経済活動のうち観光産業がしめる割合
15万3千人	12.4%
京都で働く5人に1人が観光の仕事に	全国の2.7倍！ 全国4.6% → 京都12.4%（2.7倍）

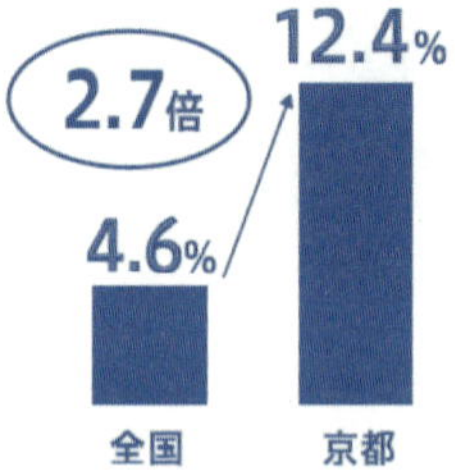

2019（令和元）年の京都観光総合調査から

京都 話のポケット

観光は予想できないできごとに影響されやすい

新型コロナウイルス感染症は，2020（令和2）年1月以降，瞬く間に世界中に拡大しました。日本への入国制限や旅行控えなどにより，ホテルや旅館，みやげもの店などで働くみなさんだけでなく，幅広い産業や文化・芸術に携わるみなさんにも大変な影響を与えています。

このように観光は，病気の流行や地震や台風，火山の噴火といった自然災害など，予想できないできごとに影響されやすいのです。

◆新型コロナウイルス感染症対策のため，ウィズコロナ社会における「新しい観光スタイル」の推進に取り組んでいます。

◆私たちの文化を守り受け継いでいく

観光客が二条城や美術館などへ訪れるときに支払われる「入場料」や観光客からいただいた「宿泊税」は，その施設の運営や，維持・補修などにも使われています。このように，観光客が京都で使われるお金は，私たちが，京都の文化や文化財に身近に触れられる環境づくりにも役立っており，文化を守り，受け継いでいくことにもつながっているのです。

数字で見る観光

[観覧者数・入城者数（2019（令和元）年度）]

元離宮二条城	京都市京セラ美術館	京都市動物園
205万人	118万人 ※再整備工事前のH28年度の数値	77万人

◆観光客が訪れることは，文化を守り受け継ぐことにもつながります。

◆私たちも住みやすい，より魅力的なまちに

　右側の2枚の写真の違いがわかりますか。どちらも中京区の先斗町通を撮ったものです。左の写真には電柱や電線がありますが，右の写真にはありません。電柱や電線が地中に埋められ，すっきりと空が見え，美しい町並みになりました。この工事は「宿泊税」を活用して行われたものです。

　また，観光客が訪れることで，バスや鉄道の運行本数の増加や飲食店・買い物スポットの充実などにもつながっています。

　さらに，バリアフリー化やトイレの洋式化など，高齢者や障害のある方，外国人をはじめあらゆる人たちが京都を楽しめる環境を整えることで，そこに暮らす私たちにとっても，快適で住みやすい，より魅力的なまちになるのです。

京都 話のポケット　宿泊税を知っていますか？

　京都市では，市内の旅館やホテルなどに泊まる方から，宿泊料金に応じて税金をいただいています。

　その金額は年間でおよそ42億円（2019（令和元）年度）。宿泊税は，道路の無電柱化やバリアフリー化，トイレの洋式化のほか，食べ歩き禁止などのマナー啓発，京町家や文化財の保全，子どもたちの伝統文化体験等のための費用に充てられています。

◆子どもたちの伝統文化体験

観光　京都と観光

◆ さまざまな人々，文化との出会い，交流

　日本全国，そして世界中からの観光客が訪れると，人と人とのふれあい，交流が生まれ，ほかの地域や外国の文化を知るきっかけにもなります。

　また，日頃，ごくあたり前のことと思っていたり，意識していなかったりした京都や日本の文化に気づくこともあります。交流によって，お互いの地域や国に対する理解が深まり，世界の平和につながるのです。

◆宇多野ユースホステルで外国人との交流を楽しむ子どもたち

　そして，訪れた人たちに「京都はすばらしいところだ」と喜んでもらえたら，私たちも，京都のまちを誇りに思い，ますます京都が好きになりませんか。その気持ちが，京都を大切にしようという一人一人の行動につながると，さらに，京都は魅力的なまちになっていきます。

◆ 一方でこんな問題も…

　観光客が訪れることで起こる問題もあります。例えば，一部の人気観光地に，同じ時期，時間に観光客が集中することによる混雑の問題や，言葉や文化，生活習慣などの違いにより生じる外国人観光客のマナーの問題があります。みんなで知恵をしぼって，こうした問題を解決していきたいものです。

観光課題とその対策など

　京都市では，こうした問題を解決するため，さまざまな取組を行っています。

[混雑の問題への対策]
・「京の夏の旅」，「京の冬の旅」などのオフシーズンのキャンペーン
・朝・夜の時間帯の体験型イベントの企画
・観光地の混雑状況を予測してホームページで発信する「京都観光快適度マップ」の公開　　　　　　　　　　　　　　　　　　　　　　　　など

[マナーの問題への対策]
・外国人向けステッカー「ENJOY RESPECT KYOTO」の配布
・京都のまちのエチケット「京都まちけっと」の周知　　　　　　など

◆地域にやさしい，環境にやさしい観光を，京都から

　京都市では，観光客に京都を楽しんでいただくことと，京都が魅力的なまちであり続けることを両立していくために，私たち「市民」，ホテルや旅館，みやげもの店などで「働くみなさん」や「観光客」など，京都観光に関わる全てのみなさんとともに大切にしていきたいことをまとめた「京都観光行動基準（京都観光モラル）」をつくりました。みなさん，できることからはじめてみませんか。

京都観光行動基準
（京都観光モラル）

京都の魅力を知り，学んで将来に引き継ぎ，「おもてなしの心」で観光客をお迎えします。

働くみなさん　観光客　市民

[働くみなさん]　地域に溶けこむ 
・お店のある地域の町内活動に参加
・地元の食材や産品の活用

[観光客]　地域を思いやる 
・京都の歴史・文化，地域の習慣を大切に行動

環境・美しい街を守る 
・エコバッグを持ち歩くなど環境にやさしい観光の心がけ

人やまちや環境にやさしい「歩くまち・京都」

「歩くまち・京都」憲章
わたしたちの京都では，市民一人ひとりは，
1　健康で，人と環境にやさしい，歩いて楽しい暮らしを大切にします。
そして，市民と行政が一体となって，
1　だれもが歩いて出かけたくなる道路空間と公共交通を整え，賑わいあるまちを創ります。
1　京都を訪れるすべての人が，歩く魅力を満喫できるようにします。

　京都市では，「歩くまち・京都」憲章を定めて，歩く人や公共交通（バス・電車など）優先の「歩くことが楽しくなるようなまちづくり」をすすめています。
　観光客にも，京都には電車やバスで来てもらうよう呼びかけています。どうしてもクルマで来られるときには，市周辺で駅の近くの駐車場にとめて，そこから電車やバスに乗ってもらう「パーク アンド ライド」をすすめています。
　みなさんもバス・電車を使って京都のまちを元気に歩いてみましょう。

3 国内からの観光客

京都には、国内外から観光客が訪れます。そのうち日本人は8割、外国人は2割です。まずは、日本人観光客の特徴を見てみましょう。

[年齢] 修学旅行生からお年寄りまで、幅広い年齢の人が訪れますが、40歳以上が約87%を占めます。

[回数] これまでに京都に来た回数では、10回以上という人が約59%、5回以上の人も合わせると約78%にもなり、京都に魅力を感じて何度も来られる人が多いことがわかります。

[日帰りか宿泊か] 約79%の人が日帰りです。

[出発地] 全国のいろいろな地域から観光客が訪れますが、近畿地方からの観光客が一番多く、約38%を占めます。次に多いのは関東で、約22%です。

[おみやげ] 最も人気があるのは漬物です。八ツ橋などの和菓子や洋菓子なども人気です。

[京都市内の日本人観光客訪問地トップ10]

1位	清水・祇園周辺
2位	京都駅周辺
3位	河原町三条・四条周辺
4位	嵯峨嵐山周辺
5位	二条城・壬生周辺
6位	きぬかけの路周辺
7位	東山七条周辺
8位	伏見周辺
9位	岡崎・蹴上周辺
10位	銀閣寺・哲学の道・百万遍周辺

2019(令和元)年の京都市の観光調査から

4 修学旅行生

京都のまちは、日本の歴史や文化を学ぶことができるため、全国から年間約70万人(2019(令和元)年)の修学旅行生が訪れています。

これは全国の2人に1人以上(推計)が小学校・中学校・高校のいずれかの修学旅行で京都を訪れていることになります。

◆JR京都駅で歓迎を受ける修学旅行生

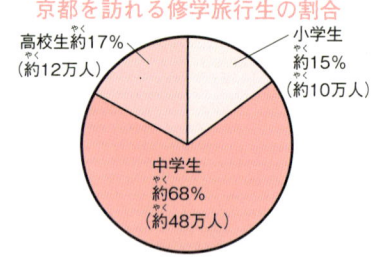

京都を訪れる修学旅行生の割合
- 高校生約17%(約12万人)
- 小学生約15%(約10万人)
- 中学生約68%(約48万人)

2019(令和元)年の京都市の観光調査から

◆ 修学旅行生は京都ファンの卵

修学旅行で京都を訪れたときのことがよい思い出となって、大人になってからも何度も京都に足を運んでいただけるよう、「修学旅行生は将来の京都ファン」として、みんなで大切に迎えています。

5 外国からの観光客

　外国から訪れる観光客は、日本人観光客と比べて旅行の日数が長く、旅行中に多くのお金を使われます。また、さまざまな国の人びとが日本に訪れて交流が進むことで、お互いの地域や国に対する理解にもつながります。

　このように、外国から観光客が訪れることは、京都にとってもよい影響が多くあるのです。

[年齢] 20歳〜39歳までの人が約73%を占めます。日本人観光客よりも若い世代の人が多いです。

[回数] 初めての人が約75%を占めます。

[出発地] 京都を訪れる外国人観光客（宿泊した人）を国や地域別に見てみると、1位が中国、2位がアメリカ、3位が台湾、4位がオーストラリア、5位が韓国となっています。

◆「姉妹都市」と「パートナーシティ」

　京都市は、1978（昭和53）年、「世界文化自由都市宣言（65ページ参照）」を行い、人種や宗教、社会体制などの違いを超えて、広く世界と自由に文化交流を行う都市であることを宣言しました。姉妹都市とは包括的な交流を、パートナーシティとは民間レベルでの特定分野（「文化・芸術」、「学術研究・教育」、「経済」など）の交流を行います。

[京都市内の外国人観光客 訪問地トップ10]

1位	清水寺
2位	二条城
3位	伏見稲荷大社
4位	金閣寺
5位	ギオンコーナー
6位	嵐山・嵯峨野
7位	祇園
8位	八坂神社
9位	京都御所
10位	銀閣寺

2019（令和元）年
・京都市の観光調査
・日本政府観光局の調査から

◆外国人観光客には、寺院や神社などを訪れたり、座禅や生け花など京都の文化にふれたりする観光が人気です。

姉妹都市及びパートナーシティの位置と市章

姉妹都市名（国名）	提携年月日	都市の概要
パリ（フランス共和国）（首都）	1958. 6.15	セーヌ川中流にある世界の文化・芸術の発信地
ボストン（アメリカ合衆国）	1959. 6.24	マサチューセッツ州にある港湾都市で、商業・金融・文化の中心地
ケルン（ドイツ連邦共和国）	1963. 5.29	商業都市を起源とした、商工業と観光の町
フィレンツェ（イタリア共和国）	1965. 9.22	ルネサンス発祥の地で、寺院や宮殿など歴史的遺産が豊富。織物や工芸品・ファッション産業が盛ん
キーウ（ウクライナ）（首都）	1971. 9. 7	古い歴史をもつ緑豊かな、バレエ・音楽など芸術の都
西安（中華人民共和国）	1974. 5.10	7～10世紀には唐の都「長安」として栄え、「平安京」のモデルとなった都市
グアダラハラ（メキシコ合衆国）	1980.10.20	メキシコ第2の都市。「西部の真珠」と呼ばれ、年中花が咲いている美しい都市
ザグレブ（クロアチア共和国）（首都）	1981.10.22	数多くの文化遺産が中世の面影を残している
プラハ（チェコ共和国）（首都）	1996. 4.15	9世紀後半から文化・経済の中心地として栄え、歴史的建造物が多い

パートナーシティ名（国名）と交流分野		提携年月日	都市の概要
晋州（大韓民国）	学術・教育	1999. 4.27	数多くの文化遺産を有する古都で、6大学が所在する学術都市でもある。絹織物が有名
コンヤ（トルコ共和国）	文化・芸術	2009.12.12	ルーム・セルジューク朝の首都として栄え、現在は交通の要所として工業が発達
青島（中華人民共和国）	経済、環境、文化、スポーツ、教育	2012. 8.26	中国を代表する港湾都市、リゾート地であり、ドイツ植民地時代の西洋風の街並みを残す
フエ（ベトナム社会主義共和国）	学術・教育、福祉	2013. 2.20	ベトナム最後の統一王朝「阮」朝の都が置かれていた歴史都市で、王宮や寺院が点在
イスタンブール（トルコ共和国）	学術研究、教育	2013. 6.14	トルコ最大の都市であり、文化・経済・金融の中心地。旧市街地区はユネスコ世界遺産に登録
ビエンチャン特別市（ラオス人民民主共和国）	学術研究	2015.11. 3	ラオス人民民主共和国の首都。多くの仏教寺院や仏塔があり、街路樹が多く、「森の都」とも呼ばれている。

| 京都 話のポケット | # 映画の歴史は京都から |

◆日本映画のふるさと京都
　1897（明治30）年，河原町通蛸薬師の京都電灯株式会社の中庭（現在の立誠小学校跡地）で，フランスで発明された「シネマトグラフ」という撮影機を使って，日本で初めて動く写真がスクリーンに映し出されました。

◆京都の映画100年
　2008（平成20）年は，京都で初めて映画が作られて100年という節目の年でした。
　日本映画の父と言われる牧野省三が，1908（明治41）年左京区の真如堂で『本能寺合戦』という映画を監督として作って公開してから100年を迎えることを記念して，「京都・映画誕生の碑」も建てられました。

◆「京都・映画誕生の碑」（左京区・真如堂）

◆鴨川で撮影する様子

◆京都市メディア支援センター
　京都は映画やテレビの撮影場所として人気があります。
　雑誌やテレビの取材など，幅広いメディアからの問合せにしっかりと対応するため，2013（平成25）年に「京都市メディア支援センター」が設置されました。

◆大人気の東映太秦映画村
　1926（大正15）年，右京区の太秦周辺に最初の撮影所が建設され，その後も新しい撮影所が増えていき，「映画のまち」として発展していきました。
　「東映太秦映画村」は，修学旅行生をはじめ多くの観光客が訪れる人気の観光スポットです。江戸の町を再現したオープンセットで撮影風景に出合うこともあります。

◆撮影前に，演技を確認する俳優たち

観光　姉妹都市

173

6 京都観光に対する感想

京都観光について、観光客や市民のみなさんはどんな感想を持っているのでしょう。一例を紹介します。これを読んで、みなさんはどう思いますか。

日本人観光客 	・昔の人が残してくれた遺産にふれ、歴史を肌で感じた。いつどこへ行っても感動する。 ・近代的な中にも昔からの伝統や文化のよさがあるので、それはできるだけ守っていってほしい。 ・京都には年3～4回来ており、いつかは住みたいと思う。 ・観光シーズンの車の渋滞は、なんとかならないでしょうか。バスに乗るより歩いた方が早い。 ・中高生の電車内でのマナーが悪かった。 ・車いすの人が楽に通れるところを増やし、その場所がすぐわかるようにしてほしい。
修学旅行生 	・教科書などでしか見たことがないお寺や神社に行くことができて感動した。 ・どのバスに乗っていいかわからず悩んでいたら、近くにいた人が教えてくれて助かった。 ・京都らしい食事をしたいと思ったけれど、いいお店を見つけることができなかった。
外国人観光客 	・京料理が見た目もきれいで、おいしかった。 ・楽しみにしていた舞妓さんに会えてうれしかった。 ・日本式の旅館に泊まり、たたみの部屋で過ごし、布団で寝たのが、いつもの習慣と違って新鮮だった。 ・言葉が通じず、道に迷った時や具合が悪くなった時にどうすればいいか不安だった。 ・自分で公共交通機関を使って移動したので、バスの路線がわかりづらく不便だった。 ・飲食店のメニューを英語で表記してほしい。
私たち市民 	・京都を愛してくれている方が世界にたくさんいることを心から誇りに思っている。 ・観光客をお迎えし、京都にまた行きたいと思ってもらえることが大事。 ・京都の文化や伝統を大事に受け継いでいきたい。 ・公共交通機関や道路が混雑する。マナーの悪い方がいる。観光が少し迷惑に感じることがある。 ・たくさんの人に京都を好きになってもらうのはうれしいが、観光客が増えると静かな生活がしにくくなる。 ・京都に住んでいながら京都のことをよく知らない。

7 おもてなしの心って

　来てくれた人を大切に思って，心を込めてお迎えすることを「おもてなし」といいます。相手のことを思って気配りをすることです。

　お店や友達の家，あるいはどこかよその場所に行ったとき，笑顔で「いらっしゃい」と言ってもらったり，ていねいに話を聞いてもらったり，困っているときに助けてもらったりするとうれしいですね。「来てよかった，また来たい」と思いますよね。

　それは，京都を訪れる観光客にとっても同じことです。旅先で受けた温かい「おもてなし」が，その人にとって一番の思い出になることもあるのです。

◆私たちにもできる「おもてなし」

　「おもてなし」は，大人だけがするものではありません。だれでも簡単にできることがたくさんあります。自分ができることから始めてみませんか。

○笑顔で元気よくあいさつ

　笑顔と元気がポイントです。日本の人だけでなく，外国からのお客さんにもあいさつできたら，どれほど喜ばれるでしょう。相手の目を見て，しっかりおじぎをすれば，言葉は通じなくても，気持ちは通じます。

○まちを汚さずきれいに

　自分がごみを捨てないのはもちろん，落ちているごみを拾うことができたら，立派な「おもてなし」の名人です。

○道を聞かれたらていねいに

　道を聞かれて、自分がわからないときは、かわりに知っていそうな人に尋ねたり、交番を教えたり、自分でできることをしましょう。わからないのに適当に答えると、よけいに迷ってしまうかもしれません。また、道に迷って困っている人に出会ったときに、自分から「どちらかお探しですか」と声をかけられたら、その人にとって大変気持ちのよい旅行先での思い出になるでしょう。

多文化共生のまちづくり

　京都市には、多くの外国籍の人々が暮らしています。それぞれの国の生活様式や文化・宗教などには違いがあります。国籍の違いがあっても、お互いに相手のことを認め合い大事にしようとする気持ちをもって、誰もが住み良いまちづくりをしていくことが大切です。

京都 話のポケット

ジュニア京都文化観光大使の活動

　「ジュニア京都文化観光大使」は、子どもたちに京都の魅力を伝え、京都についての興味や関心を深めるため、文化施設の見学や伝統産業の体験をしたり、観光パンフレットを配布したりするなど、さまざまな活動をしています。

　また、京都の文化や伝統産業を京都の子どもたちに伝えることにも取り組んでいます。

8 これからの京都観光の目標

　これからの京都観光は，市民のみなさんの暮らしが豊かになり，地域や環境問題などのさまざまな課題の解決，さらにはSDGsの達成にもつながる，持続可能な観光を目指しています。

　だれもがお互いを尊重し，だれもが満足できる。そんな京都観光にするためにも，力を合わせて取り組んでいきましょう。

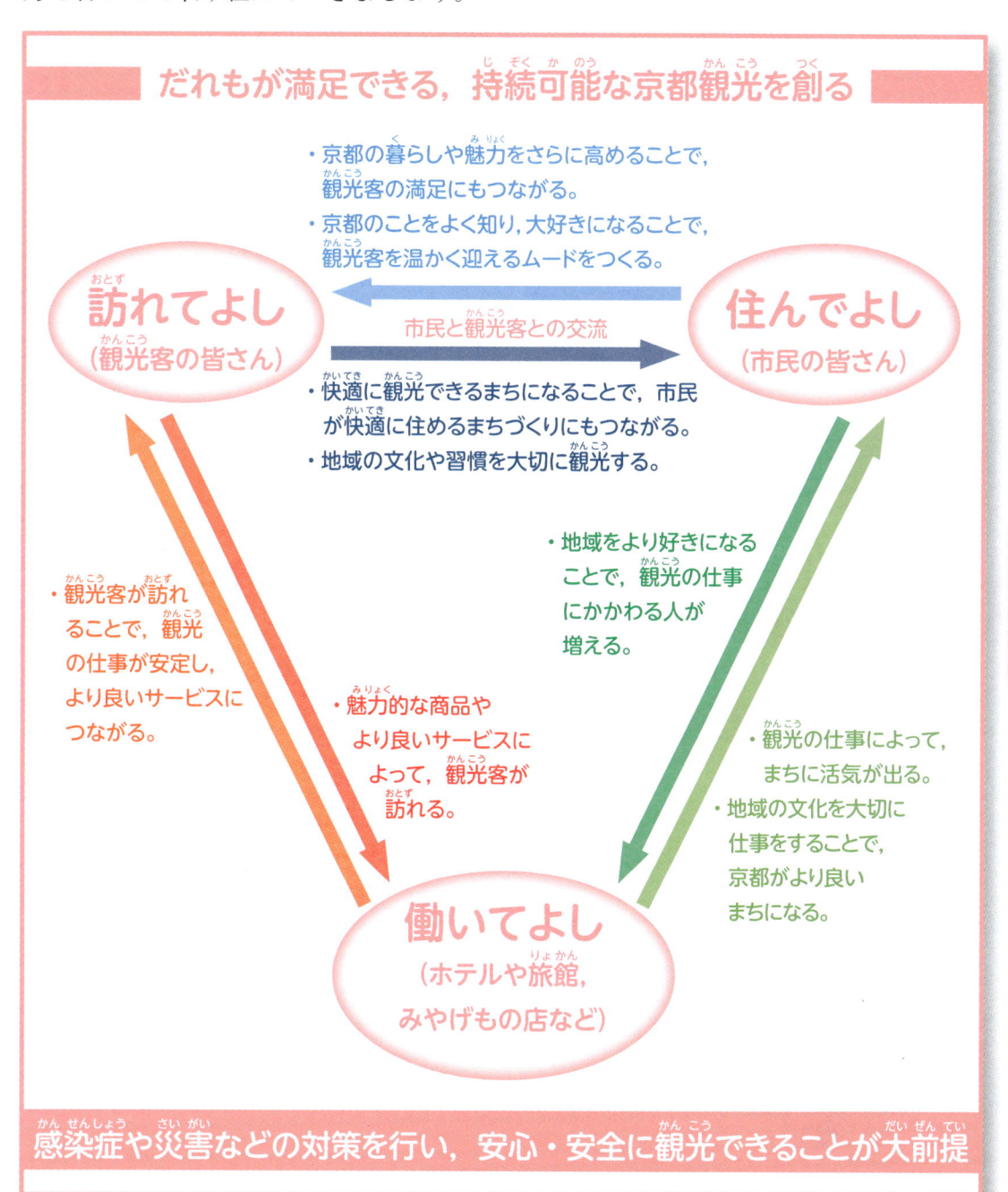

だれもが満足できる，持続可能な京都観光を創る

- 京都の暮らしや魅力をさらに高めることで，観光客の満足にもつながる。
- 京都のことをよく知り，大好きになることで，観光客を温かく迎えるムードをつくる。

訪れてよし（観光客の皆さん） ←市民と観光客との交流→ **住んでよし**（市民の皆さん）

- 快適に観光できるまちになることで，市民が快適に住めるまちづくりにもつながる。
- 地域の文化や習慣を大切に観光する。

- 観光客が訪れることで，観光の仕事が安定し，より良いサービスにつながる。
- 魅力的な商品やより良いサービスによって，観光客が訪れる。
- 地域をより好きになることで，観光の仕事にかかわる人が増える。
- 観光の仕事によって，まちに活気が出る。
- 地域の文化を大切に仕事をすることで，京都がより良いまちになる。

働いてよし（ホテルや旅館，みやげもの店など）

感染症や災害などの対策を行い，安心・安全に観光できることが大前提

京都 話のポケット

国際会議やイベントも観光にひと役

オリンピックや万博などのイベントや主要国首脳会議（サミット），世界各国の科学者やお医者さんの会合をはじめ，さまざまな国際会議などを招くことも，観光につながります。

参加者は，イベントや会議の合い間に観光や食事をしますし，よい印象を持てば，自分の国に帰ってから，京都の魅力を家族や友人，職場の人たちに話すでしょう。

また，大きな国際会議などは，テレビや新聞などで紹介されるので，世界中の注目を集め，京都がより有名になります。

1997（平成9）年，左京区の宝ヶ池にある国立京都国際会館で開かれた「地球温暖化防止京都会議」（COP3）では，開催地の京都の名前をつけた「京都議定書」が採択され，京都の名前が世界に発信されました。

近年，京都をはじめ日本全体で，また世界の国々でも，国際会議やイベントを招くことを進めています。

◆国立京都国際会館は，日本で最初に建てられた国立の国際会議場です。1年間にいくつもの大規模な会議が開かれています。

京都のことをたくさん知って，京都の暮らしを大切に

私たちが京都を愛し，京都の暮らしや文化を大切にすることも，立派なおもてなしです。なぜなら，京都の普段の生活は，私たちが気付いていなくても，長い間受け継がれてきた独自の文化であり，そこに観光客は魅力を感じるからです。

みなさんも実際にいろいろなところを訪れ，たくさんのことを体験し，一番の京都ファン，そして「おもてなし」の名人になってください。

京都 話のポケット

京都のことをいっぱい知ろう！

全国の多くの小中学生，高校生は，修学旅行で京都を訪れ，京都について，いろいろなことを学びます。そのため，京都の子どもより京都についてよく知っているということがあります。

みなさんも京都のまちをめぐって，京都のことをどんどん学び，楽しみましょう。

◆無料でお寺などを見学できる「京都の小学6年生のための京都再発見帖」をもらったらどんどん活用しましょう。

京都の歴史年表

平安京以前	後期旧石器時代（2～3万年前）	京都盆地の小高い丘や山地で狩人たちが住み始める。ナイフ形の石器をつくって暮らしていた。
	縄文時代（1万2000年～2300年前）	土器がつくられ，狩りや草・実の採取，魚などをとる生活が始まる。
	弥生時代（2300～1700年前）	稲作が大陸から伝わり，農業を営む人たちが桂川流域や高野川，白川沿いに集落をつくって暮らし始める。金属器が発達する。
	4世紀ごろ	ヤマト政権の国土統一が進む。
		桂川流域を支配した豪族の大きな古墳がつくられ始める。
	5世紀	渡来人の秦氏一族が桂川の治水に成功。太秦を中心に秦氏一族の古墳がつくられ始める。
	6世紀	太秦に天塚古墳，巨大な石室の蛇塚古墳がつくられる。
	603年	秦河勝が蜂岡寺（のちの広隆寺）をきずく。
	604年	聖徳太子が17条の憲法を定める。
	645年	大化の改新がおこる。
	710年	奈良の平城京が都となる。
	711年	稲荷社（伏見稲荷大社）がまつられる。
	770年	鞍馬寺が創建される。
	778年	清水寺が開創されたという。
	784年	長岡京に都が移される。
	788年	最澄が比叡山に一乗止観院を建て，のちに延暦寺となる。
平安時代	794年	平安京に都が移される。
	796年	東寺が創建される。
	888年	仁和寺ができる。
	947年	北野に菅原道真がまつられる（北野天満宮）。
	1016年	藤原道長が摂政になり藤原氏が全盛期を迎える。
	1052年	藤原頼通が宇治に平等院を創建。翌年に鳳凰堂をきずく。
	1156年	保元の乱がおこる。
	1159年	平治の乱がおこる。
	1167年	平清盛が太政大臣になり平氏全盛の時代がつづく。
	1185年	壇ノ浦で源平合戦。源義経らに敗れた平氏が滅びる。
鎌倉時代	1192年	源頼朝が征夷大将軍となる。
	1274年	文永の役（元寇）がおこる。
	1281年	弘安の役（元寇）がおこる。
	1333年	鎌倉幕府が滅びる。
室町時代（南北朝・戦国時代を含む）	1336年	南北朝時代がはじまる。
	1338年	足利尊氏が征夷大将軍になり，室町幕府を開く。
	1339年	足利尊氏が天龍寺を建立。
	1392年	南北朝が合体する。
	1397年	足利義満が北山殿に金閣を建てる。
	1467年	応仁の乱が始まる。
	1485年	山城国一揆がおこり，農民らの自治が行われる。
	1489年	足利義政が東山殿に銀閣を建てる。
	1543年	鉄砲が伝わる。
	1549年	キリスト教が伝わる。
安土桃山時代	1573年	織田信長が室町幕府を滅ぼす。
	1582年	明智光秀が本能寺の信長をおそい，ほろぼす（本能寺の変）。
	1590年	豊臣秀吉が全国を統一する。
	1591年	豊臣秀吉が御土居をつくり始める。
	1594年	伏見城がつくられる。
	1600年	関ヶ原の戦いで徳川家康の東軍が勝利をおさめる。
	1603年	二条城がほぼ完成する。
江戸時代	1603年	徳川家康が江戸幕府をひらく。
	1606年	角倉了以が大堰川の水運をひらく。
	1607年	朝鮮通信使（～1811）が京都に入り，大徳寺で泊まる。
	1611年	角倉了以が鴨川の西に高瀬川をつくる。
	1620年	桂離宮がつくられ始める。

　：日本国全体の出来事

歴史年表

時代	年	できごと
江戸時代	1659年	修学院離宮がほぼ完成する。
	1754年	山脇東洋が六角獄舎でわが国で初めて人体解剖を行う。
	1853年	ペリー艦隊が浦賀に来て，開国をせまる。
	1858年	安政の大獄が始まる。
	1862年	薩摩藩士による寺田屋騒動がおこる。
	1863年	壬生に入った浪士が新選組を結成する。
	1864年	池田屋事件がおこる。
	1866年	薩摩藩と長州藩の薩長同盟がなる。
	1867年	二条城で，「大政奉還」が行われ，江戸幕府が終わる。
明治時代	1868年	明治維新。京都府がおかれる。
	1869年	都が東京に移される。
		全国に先がけ，京都に64の学区制小学校（番組小学校）が設立される。
	1872年	学制がしかれる。
	1885年	琵琶湖第一疏水の工事が始まり，1890年に完成する。
	1889年	大日本帝国憲法が発布される。
		京都市がつくられ，第1回の市会議員選挙が実施される。
		琵琶湖疏水蹴上インクラインが完成する。
	1890年	琵琶湖疏水の開通式が行われる。
		第1回衆議院選挙が行われる。
	1891年	京都市営蹴上発電所が送電を開始する。
	1894年	日清戦争がおこる。
	1895年	日本最初の路面電車（塩小路東洞院－伏見下油掛間）が開通する。
	1897年	京都帝国大学（京都大学）が設立される。
	1898年	初代京都市長が決まる。
	1904年	日露戦争がおこる。
	1910年	京都瓦斯会社が開業する。
大正時代	1912年	蹴上浄水場が完成する。
	1914年	第1次世界大戦がおこる（〜18年）。
	1922年	全国水平社が京都で結成される。
	1923年	関東大震災がおこる。
	1925年	普通選挙制が定められる。
昭和時代	1927年	わが国最初の京都中央卸売市場が開業する。
	1928年	京都市営バスの出町－植物園間での運転が始まる。
	1932年	わが国最初のトロリーバス（無軌条電車）が四条大宮－西院間で運行。
	1941年	太平洋戦争がおこる。
	1945年	広島と長崎に原爆が落とされる。
		ポツダム宣言を受諾し，降伏する。
	1946年	日本国憲法が公布される。
	1949年	湯川秀樹がノーベル物理学賞を受ける。
	1951年	サンフランシスコ講和条約が結ばれる。
	1956年	国際連合に加わる。
		京都市交響楽団が発足する。
	1957年	京都市が平和都市宣言をする。
	1960年	京都会館ができる。
	1963年	名神高速道路が開通する。
	1964年	東海道新幹線が開業する。
		東京オリンピックが開かれる。
	1978年	京都市電を廃止し，バスに切りかえる。
	1981年	地下鉄烏丸線（北大路－京都間）が開通する。
	1987年	世界歴史都市会議が京都市で開かれる。
平成時代	1994年	平安建都1200年記念式典が行われる。
		古都京都の文化財17寺社・城が世界遺産に登録される。
	1995年	阪神・淡路大震災がおこる。
		京都コンサートホールが開館する。
	1997年	地下鉄烏丸線（国際会館－北山間）東西線（二条－醍醐間）が開通する。
		「地球温暖化防止京都会議」（COP3）が開かれる。
	2004年	地下鉄東西線（醍醐－六地蔵間）が開通する。
	2005年	「地球温暖化防止京都会議」で採択された「京都議定書」が発効する。
	2008年	地下鉄東西線（太秦天神川－二条間）が開通する。
	2011年	東日本大震災がおこる。

京にゆかりの歴史上の人物

秦 河勝 (不詳)
古代渡来人の一族・秦氏出身の豪族。太秦を中心に各地に勢力を広げ、優れた治水・土木技術によって、京都盆地の開発に大きく貢献しました。

桓武天皇 (737～806)
784年に長岡京をつくりましたが、794年、都を京都に移しました(平安京)。唐に遣唐使が送られ、最澄や空海が活躍した時代の天皇です。

坂上田村麻呂 (758～811)
平安時代初期に活躍した武将。征夷大将軍となって蝦夷と戦い勝利しました。清水寺を建てたと伝えられています。

最澄 (767～822)
比叡山に入って一乗止観院(のちの延暦寺)を建立。804年に留学僧として唐に渡り天台教学などを学んで翌年帰国して、天台宗を開きました。

空海 (774～835)
823年、嵯峨天皇から東寺(教王護国寺)を授かり真言宗を布教。詩文・書道にもすぐれた才能を発揮しました。弘法大師と呼ばれ親しまれています。

菅原道真 (845～903)
平安時代の公家・学者。藤原氏に九州の大宰府に追いやられましたが、後に学問の神様として北野天満宮にまつられました。

安倍晴明(はるあき) (?～1005)
平安時代の陰陽師・天文博士。星を見てさまざまな異変を予知したと伝えられています。屋敷跡と伝わる地に晴明神社が建てられています。

藤原道長 (966～1027)
平安時代の公家。娘を天皇の妃にし、天皇家と親戚関係を結びました。1016年に摂政となり、藤原氏中心の政治を行い、法成寺を造営しました。

紫式部 (不詳)
平安時代、一条天皇の中宮・彰子(藤原道長の娘)に仕えました。かな文字で書かれた『源氏物語』は、今も多くの人々に読まれています。

人物

清少納言（せいしょうなごん）（不詳） 平安時代，一条天皇の皇后・定子（藤原道隆の娘）に仕えました。漢文を読みこなせる才女で，『枕草子』というすぐれた随筆文学をのこしました。	**藤原頼通（ふじわらのよりみち）**（イラスト）（992〜1074） 平安時代の公家。藤原道長の長男。道長とともに藤原氏の全盛期をきずきました。宇治にあった父の別荘を寺に改め，平等院・鳳凰堂を建てました。
平清盛（たいらのきよもり）（1118〜1181） 平安時代後期の武将。1156年，保元の乱で源義朝らとともに勝利。1159年の平治の乱でその義朝を討ち，平氏中心の政治を行いました。	**後白河法皇（ごしらかわほうおう）**（1127〜1192） 保元の乱で勝利。天皇を退いた後も上皇・法皇として院政を行い，平清盛，源頼朝・義経たちに大きな影響を与えました。
建礼門院（けんれいもんいん）（1155〜1213） 平清盛の娘で母は時子，安徳天皇の母。壇ノ浦の戦いで源氏にやぶれ，入水したが，命を救われ，寂光院で滅亡した平家一門の菩提を祈り一生を終えました。	**源義経（みなもとのよしつね）**（1159〜1189） 平安時代後期の武将。幼少期は牛若丸と名乗り，鞍馬寺で過ごしました。壇ノ浦の戦いで平氏を破りましたが，兄・頼朝に追われ，奥州・平泉で自害しました。
足利尊氏（あしかがたかうじ）（1305〜1358） 室町幕府初代将軍。1333年に鎌倉幕府を倒しました。後醍醐天皇と対立し，1338年，京都の室町に幕府を開き，天龍寺を建てました。	**足利義満（あしかがよしみつ）**（1358〜1408） 室町幕府3代将軍。1377年，「花の御所」をつくりました。明（中国）との貿易も行い，北山に「鹿苑寺（金閣寺）」を建てました。
一休宗純（いっきゅうそうじゅん）（1394〜1481） 室町時代の僧。型破りな人物でしたが，晩年は大徳寺の住職になりました。『一休とんちばなし』は，江戸時代の初めにつくられたものです。	**雪舟（せっしゅう）**（1420〜1506） 相国寺で水墨画を学び，日本の水墨山水画を完成させました。『秋冬山水図』『天橋立図』など6点もの作品が国宝となっています。

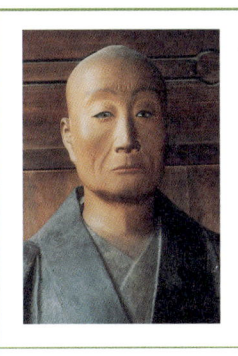

足利義政 (1436〜1490)

室町幕府8代将軍。義政の跡つぎ問題が発展し、有力な大名を巻き込んだ「応仁の乱」が起こりました。東山に「慈照寺（銀閣寺）」を建てました。

日野富子 (1440〜1496)

室町幕府8代将軍・足利義政の妻。義政の弟と富子の子の将軍後継問題から、応仁の乱に発展しました。京の七口に関所を設けて税を集め財貨を蓄えました。

千利休 (1522〜1591)

室町時代後期〜安土桃山時代に茶道を大成させました。織田信長、豊臣秀吉などに影響を与えましたが、後に秀吉に切腹させられました。

織田信長 (1534〜1582)

1573年に室町幕府を倒し、関所の廃止や楽市・楽座を行い商業の発展をうながしましたが、1582年、明智光秀の起こした本能寺の変で命を落としました。

豊臣秀吉 (1536〜1598)

信長の信頼を得て活躍し、信長の死後、天下を統一。聚楽第や御土居、伏見城などをつくり、京都の都市改造をすすめました。

徳川家康 (1542〜1616)

豊臣秀吉の死後、関ヶ原の戦いに勝利し、江戸に幕府を開きました。京都では二条城をつくり、東本願寺や知恩院などに援助を行いました。

北政所 (1548〜1624)

豊臣秀吉の妻・ねね（おね）。秀吉の没後、高台院湖月尼と称し、東山の高台寺で一生を終えました。高台寺門前を中心に延びる石畳の道は「ねねの道」と呼ばれます。

角倉了以 (1554〜1614)

安土桃山時代〜江戸時代初期の大商人。外国との貿易で富を得て、大堰川や高瀬川（運河）を開き、京都の水運を大いに発達させました。

豊臣秀頼 (1593〜1615)

秀吉の子。方広寺を再建しましたが、鐘にほった字句「国家安康」がもとで起こった大阪冬・夏の陣で徳川に敗れ、大阪城で自害し豊臣家はほろびました。

出雲阿国 (不詳)

今から約400年前、北野天満宮の境内で、それまでの民衆の芸能であった舞踊と歌謡を一体とした「かぶき踊り」を踊り、「歌舞伎」の基を作りました。

人物

尾形光琳 (1658～1716)
江戸時代中期の画家。京都の呉服商の生まれ。掛け軸・屏風・すずりのデザインなど何でもこなす天才といわれ、後の美術工芸に大きな影響を与えました。

山脇東洋 (1705～1762)
江戸時代中ごろの医者。六角獄舎で刑死体を解剖して、日本最初の解剖図鑑『蔵志』を著し、日本の医学の発展に尽くしました。

岩倉具視 (1825～1883)
公家の出身で、幕末維新では江戸幕府の打倒と天皇中心の政治の復活に尽くしました。欧米を視察し、太政大臣になりました。

木戸孝允 (1833～1877)
長州（山口県）出身。京都で倒幕運動（江戸幕府を倒そうとする活動）を行いました。西郷隆盛、大久保利通とともに維新の三傑と呼ばれています。

坂本竜馬 (1835～1867)
土佐藩（高知県）の郷士の家の生まれ。西郷隆盛や木戸孝允らと知り合い、薩長同盟の実現に成功。河原町通の近江屋で中岡慎太郎とともに暗殺されました。

徳川慶喜 (1837～1913)
徳川御三家の水戸家に生まれ、15代将軍となりました。1867年二条城で大政奉還を表明し、江戸幕府最後の将軍となりました。

新島 襄 (1843～1890)
明治時代のキリスト教教育者。アメリカに渡り、西洋の学校の様子を視察。同志社英学校・同志社大学を創設しました。

明治天皇 (1852～1912)
1867年、天皇になりました。翌年、新政府は新しい国づくりの基本方針を定め、京都御所において明治天皇が神に誓う形で「五か条の御誓文」を出しました。

2代目 島津源蔵 (1869～1951)
初代が創設した島津製作所を引き継ぎました。また日本電池の創業者でもあります。理化学器械の製造とともに、数々の発明をし、日本十大発明家の一人として表彰されました。

上村松園 (1875～1949)
四条御幸町に生まれ、京の伝統文化に育まれた松園は、明治・大正・昭和を通して、「真善美」の極致に達した本格的な美人画を念願として女性を描き続けました。

【執筆協力者】（五十音順，初版発行当時）

京都市小学校社会科教育研究会

【本文イラスト作成】

京都市図画工作教育研究会・京都市立中学校教育研究会美術部会

【協力者】

京都市生涯学習研究会

京都市立中学校教育研究会社会科部会

京都市立中学校教育研究会国語部会

京都市小学校社会科教育研究会極覧会

協力

教材研究所／京都新聞社

写真協力

泉仙／一和／稲盛財団／ゑり善／おくの漬物店／おせき餅本舗／亀屋清永／亀屋陸奥／
川端道喜／京鹿の子絞振興協同組合／京くみひも工業協同組合／京黒紋染協同組合連合会／
京セラ／京都織物卸商業組合／京都刺繡協同組合／京都漆器工芸協同組合／
京都市埋蔵文化財研究所／京都市歴史資料館／京都新聞社／京都新聞出版センター／
京都扇子団扇商工協同組合／京都陶磁器協同組合連合会／京都府菓子工業組合／
京都府石材業協同組合／京都府漬物協同組合／京都府仏具協同組合／
京都府料理生活衛生同業組合／京都木工芸協同組合／京都和装産業振興財団／
京人形商工業協同組合／京のふるさと産品協会／京表具協同組合連合会／
京友禅協同組合連合会／宮内庁京都事務所／近藤悠三記念館／澤屋／島津製作所／
神馬堂／竹濱義春老舗／丹治蓮生堂／茶道資料館／長五郎餅本舗／鶴屋吉信／とらや／
とりよね／中村軒／西陣織工業組合／日本写真印刷／伏見酒造組合／堀場製作所／賄い屋／
松文商店／丸益西村屋／水田玉雲堂／宮井／村田製作所／TNM Image Archives

人物写真提供

桓武天皇（平安神宮）／坂上田村麻呂（清水寺）／最澄（延暦寺）／空海（東寺）／
菅原道真（北野天満宮）／安倍晴明（晴明神社）／藤原道長（誠心院）／紫式部（石山寺）／
清少納言（東京国立博物館）／平清盛（六波羅蜜寺）／後白河法皇（神護寺）／源義経（中尊寺）／
足利尊氏・足利義満（等持院）／一休宗純（東京国立博物館）／雪舟（京都国立博物館）／
足利義政（銀閣寺）／千利休（不審菴）／織田信長（神戸市立博物館）／豊臣秀吉（高台寺）／
角倉了以（大悲閣千光寺）／豊臣秀頼（養源院）／山脇東洋（金原出版）／
岩倉具視・木戸孝允・坂本竜馬・徳川慶喜（霊山歴史館）

このほか多くの寺社・団体等のご協力をいただきました。

参考文献

「『わたしたちの京都』3・4年」(京都市小学校社会科教育研究会)／「"京都のナゾ"日本最初の小学校は京都生まれ？『学校運営研究No.543』」(明治図書)／「江馬務著作集 第四巻 手拭の歴史」(中央公論新社 江馬務 著)／「絵と写真で学ぶ 日本の歴史2」(東洋館出版社)／「おんなたちの源平恋絵巻」(京都新聞出版センター 高城修三 著)／「枯山水の庭」(講談社)／「歌舞伎と舞踊 日本の伝統芸能3」(小峰書店)／「枯山水」(河原書店 重森三玲著)／「京ことば辞典」(東京堂出版 井之口有一 堀井令以知 編)／「京都 水ものがたり」(淡交社)／「京都 山城寺院神社大事典」(平凡社)／「京都・観光文化検定試験」(淡交社 京都商工会議所)／「京都いちおしの涼」(京都新聞出版センター)／「京都検定 問題と解説」(京都新聞出版センター)／「京都食楽手帖」(集英社)／「京都大事典」(淡交社)／「京都名庭散歩」(京都書院アーツコレクション)(京都書院)／「京都なるほど事典」(実業之日本社 清水さとし 著)／「京都西陣 きもの町」(京都新聞出版センター 毛利ゆき子 著)／「京都の映画 80年の歩み」(京都新聞社)／「京都の郷土料理」(同文書院 飯塚久子・滋野幸子・堀浪子 著)／「京都の暮らしの大百科 まつり・伝承・しきたり 12カ月」(淡交社)／「京都の地名 検証 風土・歴史・文化をよむ」(勉誠出版)／「京都の地理ものがたり」(日本標準)／「京都の漬物」(京都府立総合資料館)／「京都の伝統野菜」(誠文堂新光社)／「京都の謎」(祥伝社 高野 澄 奈良本辰也 著)／「京都の文化財—その歴史と役割—」(京都府文化財保護基金 第一法規出版1990年)／「京都の祭り暦」(小学館 森谷尅久 (編) 中田昭 (写真))／「京都の歴史」(京都新聞社)／「京都の歴史 第10巻 年表・事典」(京都市史編纂所)／「京都の歴史 第8巻 古都の近代化」(京都市 京都市史編纂所)／「京都の歴史 第一巻 平安の新京 京都市編 学芸書林」／「京都の歴史ものがたり」(日本標準)／「京都歴史街道」(京都書院)／「京に燃えたおんな」(京都新聞出版センター 堀野 廣 著)／「京のあたりまえ」(光村推古書院 岩上 力 著)／「京のお地蔵さん」(京都新聞出版センター 竹村俊則 著)／「京の儀式作法書 その心としきたり」(光村推古書院 岩上 力 著)／「京のきもの語り」(草思社 市田ひろみ 著)／「京の口うら」(京都新聞社)／「京の史跡めぐり」(京都新聞社 竹村俊則 著)／「京の町家」(河原書店)／「京の町家丁寧な暮らし」(大和出版)／「京の野菜 味と育ち」(ナカニシヤ出版 林義雄 岩城由子 著)／「京の料理 老舗歳時記」(光村推古書院 京都料理組合組合長 北村多造監修)／「京への道」(集英社)／「京町家の春夏秋冬」(文英堂)／「京野菜と料理」(淡交社 京都料理芽生会 編)／「京料理の迷宮 奥の奥まで味わう」(光文社 柏井壽 著)／「決定版 京野菜を楽しむ」(淡交社)／広辞苑(岩波書店)／「古事類苑 器用部一 風呂敷」(吉川弘文館)／「古都」(新潮社 川端康成 著)／「歳時記 京の伝統野菜と旬野菜」(トンボ出版 高嶋四郎 著)／「社会科資料集6年」(日本標準)／「週刊『日本の伝説を旅する』京都1」(世界文化社)／「調べ学習 日本の歴史12 貴族の研究」(ポプラ社)／「しらべ学習に役立つ図解日本の歴史2 絵や資料で調べる 飛鳥・奈良・平安時代」(あかね書房)／「しらべ学習に役立つ日本の歴史5 平安京をしらべる」(小峰書店)／「しらべ学習に役立つ 図解 日本の歴史④」(あかね書房)／「新選組見聞録」(京都新聞出版センター)／「人物アルバム歴史を生きた78人 2.国を動かした人たち」(PHP研究所)／「人物図解日本の歴史④ 戦国・安土桃山時代」(あかね書房)／「新編 新しい社会 6上」(東京書籍)／「千年の息吹き」(京都新聞社)／「総合百科事典ポプラディア」(ポプラ社)／「地図で訪ねる歴史の舞台—日本—新訂版」(帝国書院)／「ツバル海抜1メートルの島国 その自然と暮らし」(国土社)／「伝統文化で体験学習6 和の心を感じよう」(ポプラ社)／「西陣の歩み・西陣織のできるまで」(西陣織工業組合)／「日本史辞典」(角川書店)／「日本の庭—石組に見る日本庭園史」(東京堂出版 齋藤忠一 著)／「日本の歴史 第3巻内乱から統一へ」(集英社)／「日本の歴史3・4 鎌倉時代—室町時代・安土桃山時代—江戸時代」(旺文社)／「日本の歴史⑤ 室町時代」(学習研究社)／「日本の歴史⑥ 安土桃山時代」(学習研究社)／「日本文化の歴史」(小学館)／「能楽ハンドブック—「能」の全てがわかる小事典」(三省堂 小林保治 (編集) 戸井田道三 (監修))／「幕末・維新 彩色の京都」(京都新聞出版センター 白幡洋三郎 著)／「ブランド京野菜 おいしさ大百科」((社)京のふるさと産品価格流通安定協会)／「平安京年代記」(京都新聞社 村井康彦 著)／「未来に届け！京都の自然」(京都市)／「もっと京料理 秋冬編」(五月書房 飯田知史 著)／「夢窓疎石 日本庭園を極めた禅僧」(日本放送出版協会 枡野俊明 著)／「義経伝説をゆく」(京都新聞出版センター)／「義経ハンドブック」(京都新聞出版センター)／「わたしたちの伝統産業」(京都市 京都市教育委員会)／「学習日本史図鑑9 歴史と文化をささえた人々」(講談社)／「日本の歴史人物シリーズ (2) 藤原道長」(ポプラ社)／「中学社会 歴史的分野」(大阪書籍)／「国語三下あおぞら」(光村図書)／「国語3」(光村図書)

さくいん
人物

あ
アインシュタイン……………128
赤崎勇……………………129
明智光秀………………27,74,179
足利尊氏……23,26,44,74,179,182
足利義昭…………………27
足利義尚…………………25
足利義政……24,44,89,90,179,183
足利義視…………………25
足利義満…23,24,26,44,114,179,182
安倍晴明……………84,181
在原業平……………………64
安徳天皇……………20,21
池坊専慶……………………102
石川丈山……………………31
石田三成……………………30
和泉式部…………58,79,80
出雲阿国……………107,183
市川団十郎…………109
一休(宗純)………101,182
稲盛和夫………123,130
井上八千代…………106
岩倉具視……………184
上杉謙信……………23,93
上村松園……………94,184
牛若丸→源義経
宇多天皇……………………43
梅原竜三郎……………99
永観…………………………97
栄西………………22,43,100
江崎玲於奈………………129
応神天皇……………………43
正親町天皇…………………28
尾形乾山……………94,117
尾形光琳……………94,117,184
小川治兵衛……………91
織田信長………23,27,29,31,74,93,
100,141,179,183
小野小町…………60,85
小野篁………………………85

か
覚信尼………………………44
桂小五郎(木戸孝允)……35,184
狩野永徳……………23,93
狩野探幽……………………45
亀山天皇……………………156
鴨長明………………22,79,83
河井寛次郎……………98
川端康成……………129,160
観阿弥………………………104
桓武天皇……………14,48,180
北垣国道……………………38
北政所(ねね)………28,72,183
木戸孝允→桂小五郎
紀貫之……………………78,79
空海(弘法大師)
…………16,42,62,64,95,181
空也………………59,96,111

月照……………………………35
建礼門院(平徳子)………20,21,182
小式部内侍……………………80
後白河法皇…………………97,182
後醍醐天皇……………………44
小林誠………………………129
小堀遠州……………………90,91
後水尾上皇……………………30
近藤勇………………………34
近藤正慎……………………35
近藤悠三……………………98

さ
西郷隆盛………………………35
最澄……………………43,179,181
坂田藤十郎……………………109
坂田公時(金時)……………84
嵯峨天皇……………16,86,100
坂上田村麻呂………………180
坂本竜馬…………35,69,72,183
島田道生……………………38
守敏…………………………16
重助…………………………35
定朝…………………………43
聖徳太子……………12,85,179
白河上皇(天皇)……………61,74
親鸞………………22,31,44,63
菅原道真…17,59,60,85,127,179,181
角倉了以………………32,179,183
世阿弥……………………79,104
清少納言………58,78,79,82,182
雪舟…………………………182
蝉丸…………………………81
善阿弥………………………90
千宗旦………………………85
千利休…28,29,100,101,117,161,183

た
平清盛……………20,97,179,182
平時忠………………………20
平徳子→建礼門院
高倉天皇……………………20
竹内栖鳳……………………94,99
武野紹鴎……………………100,101
田中耕一……………………129
田辺朔郎……………………38,40
近松門左衛門………………76
貞信公………………………81
道元…………………………22
東福門院……………………30,31
常盤…………………………42
徳川家康……30,31,94,179,183
徳川秀忠……………………30
徳川慶喜…………34,35,184
利根川進……………………129
鳥羽僧正……………………92
富岡鉄斎……………………94
朝永振一郎…………………129
豊臣秀吉(羽柴秀吉)…27,28,29,30,
31,44,57,60,64,69,72,75,100,
114,141,143,144,179,183

豊臣秀頼……………………28,183

な
中岡慎太郎…………………72
新島襄………………………184
西田幾多郎…………………70
西村五雲……………………99
２代目島津源蔵……………122,184
日蓮…………………………22
ねね→北政所
野々村仁清(清右衛門)……116,117
野依良治……………………129

は
羽柴秀吉→豊臣秀吉
畠山政長……………………26
畠山義就……………………26
秦河勝………………12,179,181
土方歳三……………………34
日野富子……………………25,183
深草少将……………………60,85
福井謙一……………………129
藤原公任……………………19
藤原定家……………………80,81
藤原時平……………………17
藤原道長……………18,19,179,181
藤原頼通……18,19,43,60,182
弁慶………………………75,85,108
法然…………………………22
細川勝元……………………25,44

ま
牧野省三……………………173
益川敏英……………………129
松平容保……………………34
水戸光圀……………………44
源義経(牛若丸)
……………21,42,75,96,108,179,182
源頼朝………………21,22,179
源頼光……………………74,84
宮崎友禅斎…………114,115
夢窓疎石……………………44,89
紫式部…………42,78,79,181
村田珠光……………………101
明治天皇……………………183
森鷗外………………………33

やらわ
安井曾太郎…………………99
山県有朋……………………91
山口華楊……………………99
山中伸弥……………………129
山名宗全……………25,26,68
山脇東洋……………180,184
湯川秀樹……………129,180
吉田兼好……………………79,148
吉野太夫……………………60
淀君…………………………28
頼山陽………………………157
渡辺綱………………………84
ワンガリ・マータイ………150

索引

187

事　項

あ
- 葵祭　42,47,49,52,61,63,143
- 愛宕神社　62,67
- 安土城　29

い
- 怡園（細川家別邸）　91
- 石塀小路　66,72
- 石山本願寺　31,141
- 維新の道　72
- 和泉式部日記　58,79
- 犬矢来　147
- 今宮神社　50,60,142
- インクライン　39,40
- 引接寺　61,111

う
- 上杉本洛中洛外図屏風　23,93
- 右京　15,16
- 浮世草子　127
- 宇治上神社　43
- 宇治拾遺物語　77,79,84
- 太秦の牛祭　50
- 卯建　147
- 打ち水　148
- うなぎの寝床　146

え
- 映画のまち　173
- 永観堂（禅林寺）　97
- 延暦寺　22,27,43

お
- 応仁の乱　24,25,26,28,112,143
- 大堰川　13,19,32,33,61,63,71
- 大阪冬の陣・夏の陣　30
- 大避神社　50
- 大沢池　63,71,86
- 大饗料理　136
- おきまり料理　138
- おくどさん（かまど）　54,146
- 巨椋池　10
- おけらまいり　54,64,111
- 御土居　29
- お西さん　31
- おばんざい　67,138
- お東さん　31
- 御室桜　43

か
- 蚕の社　12
- 懐石料理　136
- 顔見世　107,109
- 花街　106,111
- 雅楽　71,103
- かくれ念仏→空也踊躍念仏
- 樫原　68,74
- 型友禅　115
- 桂川　13,14,15,32,60,70,74,134,145,156,157
- 桂離宮　30,87,88
- 華道　102,151
- 歌舞伎　107,108,109
- 鎌倉幕府　21,22,23

- 鎌倉仏教の母山　22
- かまど金　36
- 上賀茂神社　42,47,60,61,63,67,143
- 上賀茂神社界わい　67
- 上御霊神社　26,61,143
- 鴨川　7,18,33,57,68,70,84,131,134,145,156,157
- 鴨川をどり　106
- 賀茂競馬　47
- 烏相撲　42,63
- 枯山水　44,87,89,90
- 川床　57,58
- 寛永文化　30
- 関白　17,90

き
- 祇園新橋　66
- 祇園祭　6,25,34,46,49,52,62,93,137,141
- 祇園をどり　106
- 北野大茶湯　28,29,64
- 北野上七軒　68
- 北野天神縁起絵巻　17,127
- 北野天満宮　6,12,17,28,59,60,63,64,68,84,107,127,133,142,143
- 北野をどり　106
- 北山杉　160,161
- 北山文化　24
- 貴船　58
- 貴船神社　58
- 着物　114,115,120,150,151
- 京石工芸　121
- 京うちわ　118,119
- 教王護国寺→東寺
- 京おどり　106
- 京菓子　140,141,142,143
- 京鹿の子絞　120
- 京くみひも　9,120
- 京黒紋付染　120
- 狂言　104,105,150
- 京ことば　152,153,154
- 京小紋　120
- 京指物　120
- 京漆器　120,137
- 京扇子　120
- 京都議定書　162,163,178
- 京都国際マンガミュージアム　127
- 京都御所　1,6,16,35,47,49,61,63
- 京都市学校歴史博物館　36,37,98
- 京都市生涯学習総合センター（京都アスニー）　14,23
- 京都市地球温暖化対策条例　163
- 京都市中央卸売市場　138
- 京都市動物園　10,40,125
- 京都市平安京創生館　14
- 京都市メディア支援センター　173
- 京都守護職　34
- 京都賞　130
- 京都市立芸術大学　94
- 京都市立銅駝美術工芸高校　94
- 京都市歴史資料館　26
- 京都水盆　134
- 京都創生　7,8,9
- 京都薪能　61,105
- 京都はぐくみ憲章　裏表紙
- 京都府立植物園　71
- 京都盆地　10,11,134,149

- 京都まなびの街生き方探究館　123
- 京都マラソン　131
- 京都四大行事　52
- 京人形　121
- 京縫　120
- 京の台所　67
- 京の伝統野菜　133,135
- 京の七口　73,142
- 京の花・木　155
- 京のブランド産品　133,135
- 京表具　121
- 京仏具　118,119
- 京仏壇　118,119
- 京舞井上流　106
- 京焼　72,98,116,137,165
- 京野菜　133,134,135
- 京友禅（友禅染）　9,11,114,115,151
- 京料理　136,137
- 清水寺　31,35,42,45,66,72,98,168
- 清水の舞台　42,45
- 清水焼　116,117,165
- 金閣寺（鹿苑寺）　23,24,44,89,90,93,168
- 銀閣寺（慈照寺）　24,44,89,90,93,168

く
- 空也踊躍念仏（かくれ念仏）　64,111
- 具足小路　77
- 下らない　153
- 鞍馬寺　51,58,61,96
- 鞍馬火祭　50,51,63,111

け
- 蹴上発電所　41
- 月桂冠大倉記念館　145
- 蹴鞠　59,131
- 源氏　20,21,22
- 源氏物語　42,47,78,79,104

こ
- 光悦寺　31
- 高山寺　43,92,126
- 格子　147
- 高台寺　66,72
- 弘法市・弘法さん　42,142
- 広隆寺　6,12,50,75,95
- 蚕養神社　12
- 古今和歌集　79
- 国立京都国際会館　163,177
- 苔寺（西芳寺）　44,89
- 御香宮神社　35,63,145
- 古今著聞集　84
- 五山送り火　6,52,62,111
- 五条坂陶器まつり　117
- 五條天神社　75
- 五智如来坐像　79
- COP3→地球温暖化防止京都会議
- 古典の日　9,79
- 古都　129,160
- 古都京都の文化財　42
- 木嶋坐天照御魂神社　12
- 古墳　13
- 孤篷庵　87,91
- 御霊合戦　26
- 今昔物語集　79
- 金地院　87,91

さ

斎王代 47,49
西寺 16
西芳寺→苔寺
嵯峨嵐山文華館 156
嵯峨大念仏狂言 60,111
嵯峨鳥居本 52,67
嵯峨鳥居本町並み保存館 67
左京 15,16
酒づくり 144
薩長同盟 35,69
茶道 9,11,85,100,101,117,139,
140,150,151,161,165
鯖街道 73
山陰街道 68,74
山紫水明 7,86,156,157
山紫水明処 157
三十石船 69
三十三間堂(蓮華王院) 59,97
三条通 67,85
三船(舟)の才 19
三大奇祭 50
三珍鳥居 12
三都 30
産寧坂(三年坂) 66,72
産寧坂界わい 66

し

磁器 116,117
慈照寺→銀閣寺
紫宸殿 16
詩仙堂 31
地蔵盆 9,55,56,62,111
時代祭 48,49,52,63
舌切り茶屋 35
自治記念日 41
十石舟 69
姉妹都市 172
清水家十牛庵 91
下鴨神社 42,47,59,61,62,63,142
社家 67
寂光院 21
シャフト→竪坑
修学院離宮 30,87,88
重要伝統的建造物群保存地区 66
宿泊税 167
聚光院 87
数珠回し 55,56
聚楽第 27
書院造 43,44,87,102
小学校出前板さん教室 137
鍾馗 147
松琴亭 30
聖護院 142
相国寺 25,85
成就院 31
精進料理 136
浄土院 29
浄土教 18,87
浄土宗 22
浄土真宗 22
城南宮 60,74,142
縄文土器 10
浄瑠璃寺 87
青蓮院 91
食育 137

織宝苑 91
新京野菜 133,135
新景観政策 8,65,66
神護寺 22,43,95
真珠庵 87
神泉苑 1,11,16,46,63,86,111,143
神泉苑大念仏狂言 111
新選組 34
寝殿造 19,87
真如堂 60,63,127,173
真如堂縁起絵巻 25,127

す

水火天満宮 85
随心院 60,85
水力発電 39,40
水路閣 40
朱雀大路 1,15,16

せ

成人式 150
ぜいたく煮 139
晴明神社 84
清流亭 91
清凉寺 60,111
世界文化遺産 6,8,19,42,165
世界文化自由都市宣言 65,170
関ケ原 30
石庭 44,87,90
せせらぎの道 72
摂関政治 17
石器 10
摂政 17
仙洞御所 91
前方後円墳 13
千本ゑんま堂大念仏狂言 61,111
禅林寺→永観堂

そ

宗旦狐 85
曹洞宗 22
疏水分線 40
染付け 98

た

大学コンソーシアム京都 124
大覚寺 63,71,86,93
大学のまち 124
大饗料理 136
醍醐寺 25,28,43,60
醍醐の花見 28,60
太政大臣 20
台杉仕立て 161
大政奉還 34,35
大仙院 87
大内裏 15,27
大徳寺 27,45,87,91,100,101
第二無鄰菴 88
内裏 15
高瀬川 32,33,144
高瀬舟 33
大宰府 17
竪穴住居 11
建具替え 148
竪坑(シャフト) 38,39
太郎冠者 105

ち

知恩院 22,45,64,114,128
地球温暖化 148,162
地球温暖化防止京都会議(COP3) 163,178
稚児社参 46
池泉回遊式庭園 87
地名・町名 75
忠僕茶屋 35
長安 15,172
鳥獣人物戯画 43,92,126
頂法寺→六角堂
長楽寺 21
千代の古道 71

つ

漬物 139,153,168
徒然草 79,148

て

手描友禅 115
哲学の道 70
寺子屋 37
寺田屋 69
天使突抜町 75
伝統的工芸品産業の振興に関する法律
(伝産法) 118
天皇の杜古墳 13
天龍寺 44,89
天龍寺船 44

と

唐 15,18,115,171
東映太秦映画村 173
東海道 67
陶器 116,117
東求堂 24,44
東寺(教王護国寺) 6,16,42,59,64,70,95,142
等持院 26,89
等持寺 26
同仁斎 24,44
登天石 85
DO YOU KYOTOデー 163
通り歌 76,77
徳川幕府 30,34
渡月橋 13,62,156
土佐日記 78,79
百々橋 26
鳥羽街道 74
鳥羽の「作り道」 74
鳥羽・伏見の戦い 35,74
鳥羽離宮 74
渡来人 12,75
虎の子渡し 90

な

長岡京 14,48
半木の道 71
泣き弥勒 95
名古曾滝 87
七口→京の七口
南禅寺 40,45,87,91
南蛮寺 29
南蛮文化 29

索引

に

- 錦小路······················67,77
- 錦天満宮······················145
- 西陣·················25,68,112,113
- 西陣織······9,25,68,112,113,118,123,151,165
- 西陣織会館···················68,113
- 西高瀬川······················33
- 西八条殿······················20
- 西本願寺·········27,31,44,60,114,141
- 二条城······6,9,11,30,34,35,45,86,88,91,125,180
- 日蓮宗························22
- 二年坂························72
- 1/2成人式····················150
- 仁和寺························43

ね

- ねねの道·····················72

の

- 能（能楽）·······79,104,105,150,165
- 納涼床························57
- ノーベル賞······128,129,130,150,160
- 登り窯························116

は

- パートナーシティ提携·········171
- 秦氏···················12,13,75,112
- ばったり床几（あげみせ）······149
- 花の御所（室町殿）·····23,24,25,26
- 埴輪···························13
- はねず踊り····················60,85
- 春の七草······················133
- 番組小学校···········36,37,裏表紙

ひ

- 飛雲閣······················27,114
- 東京極大路····················1,18
- 東本願寺······················31,63
- 東山山荘······················89
- 東山文化······················24
- 百人一首················80,81,87,156
- 平等院（鳳凰堂）········19,43,60,87
- 広沢池························71
- 琵琶湖疏水············38,39,40,70,72
- 琵琶湖疏水記念館···············40,41
- 琵琶法師······················79

ふ

- ふごおろし····················56
- 伏見稲荷大社············59,61,82,143
- 伏見港（伏見の港）········33,69,144
- 伏見城·················27,28,29,144
- 伏見の酒······················144
- 伏見南浜界わい················69
- 藤原氏······················17,18,21
- 船岡山························16
- ぶぶづけ····················153,154
- 風流傘······················50,63
- ふろしき····················114,151

へ

- 平安京······1,6,14,15,16,19,27,48,74,77,82,85,86,134,172
- 平安講社······················48
- 平安神宮············48,61,63,88,91,105,150
- 平安奠都千百年紀念祭··········48
- 平家···················20,21,22,79,97
- 平家物語··················20,79,104
- 平城京························14
- 碧雲荘（野村家別邸）··········88,91
- へそ石························85
- 蛇塚古墳······················13
- ペルトン水車··················41
- 弁慶石························85

ほ

- 邦楽·························103
- 法金剛院······················87
- 方丈記····················22,79,83
- 法成寺························18
- 戊辰戦争······················35
- 蛍石·························58
- 保津峡························32
- 本膳料理·····················136
- 先斗町···················68,75,106
- 本能寺······················27,74
- 本能寺の変····················27

ま

- 枕草子··················47,58,78,79,82
- 町並み··········8,9,66,67,68,69,74,166
- 町家········8,66,67,68,146,147,148,149
- 松に山鳥図····················93
- 末法思想······················19
- まねき····················107,109
- 円山公園······················72,91
- マンガ····················92,126,127

み

- 御蔭祭························47
- 神輿洗························46
- 深泥池······················158,159
- 南座·······················107,109
- 三柱鳥居······················12
- 壬生大念仏狂言············60,111
- 壬生寺·················60,62,111
- 三宅八幡宮··················110,142
- 都をどり····················60,106
- 明神川························67
- 妙心寺························87
- 弥勒菩薩半跏像············6,12,95

む

- 迎え火························52
- 無形民俗文化財··············110,111
- 無形文化遺産······9,46,104,107,111,133
- 無鄰菴······················88,91
- 室町殿→花の御所
- 室町幕府··············23,24,25,26,27,145

め

- 明治政府····················35,122
- 名水·························145

も

- もったいない··············150,151
- 桃山文化······················29,44
- 百夜通い······················60,85

や

- 八坂神社··········46,54,62,64,66,141
- やすらい祭····················50,60
- 柳酒·························145
- 流鏑馬························47,61
- 山崎の合戦····················27
- 山鉾巡行····················6,46,62
- 弥生土器······················11

ゆ

- 有形民俗文化財··············110,111
- 夕涼み·······················149
- 友禅染→京友禅
- 幽霊子育飴···················143
- 由岐神社······················50,51
- 湯たくさん茶くれん寺（浄土院）····29
- ユニークな町名················75
- ユリカモメ···················157

よ

- 洋風建築······················67
- 淀川·······················32,69,74
- 夜咄の茶事···················101
- 読みにくい地名················75

ら

- 洛陽·························15
- 洛中洛外図→上杉本洛中洛外図屏風
- 羅城門····················15,16,74

り

- 龍安寺··················6,44,87,90
- 臨済宗························22,89
- 琳派··························94

れ

- 霊雲院························87
- 蓮華王院→三十三間堂

ろ

- 鹿苑寺→金閣寺
- 六道珍皇寺················62,85,143
- 六道の辻······················85
- 六波羅························20
- 六波羅探題····················22
- 六波羅蜜寺············20,59,64,96,111
- 六角堂（頂法寺）·············85,102
- 路面電車······················39

わ

- 和食·························133
- 和ろうそく···················119

さあ、「ジュニア京都検定」で力だめし！

テキストブックを読み終えてどうでしたか？
「もっと知りたい！」「見に行きたい！」「体験してみたい！」…
そんな気持ちでいっぱいになっていることでしょう。
　このテキストで学ぶだけではなく，興味・関心を持ったことを京都のまちに出て実際に体験してみましょう。体験することを通して，学習した内容の理解が深まり，さらに新しいことを学ぶ意欲につながるはずです。
　そして，皆さんが学校で，家庭で，地域で，たくさん学んで体験したことを「歴史都市・京都から学ぶジュニア京都検定」（毎年10～11月頃に実施）で確かめてみませんか？
　検定の詳細は，ジュニア京都検定ホームページなどでお伝えしています。

過去問題にチャレンジしてみよう！

☆基礎コース

1 サトイモの一種で，ある生き物の形に似ていることからその名前がついた京野菜は，次のうちどれでしょう？

　①京たけのこ　　②えびいも
　③くわい

2 5月15日に行われる葵祭の行列が向かう場所となっている世界文化遺産の神社は，次のうちどこでしょう？

　①上賀茂神社　　②八坂神社
　③伏見稲荷大社

☆発展コース

1 京町家は，通りに面している間口がせまく，奥行きが深いつくりになっていますが，このような特徴を何と言うでしょう？

　①よめかくし　　②通り庭
　③うなぎの寝床　④犬矢来

2 生地をぬいしめたり，しぼったりすることで凹凸の立体感がでる生地に染めあげるのは，次のうちどれでしょう？

　①京漆器　　　　②京くみひも
　③京鹿の子絞　　④京扇子

もっと挑戦したい方は，ジュニア京都検定ホームページへGO!!
https://www.doyo-juku.com/kentei/index.html

全問できたかな？？
正答は次のページを見てみよう！

P191の問題の正答

☆基礎コース　1　②えびいも
　　　　　　　　※詳しくはP135を見てみよう！
　　　　　　　2　①上賀茂神社
　　　　　　　　※詳しくはP42,47を見てみよう！

☆発展コース　1　③うなぎの寝床
　　　　　　　　※詳しくはP146を見てみよう！
　　　　　　　2　③京鹿の子絞
　　　　　　　　※詳しくはP120を見てみよう！

おわりに―

　このテキストブックの作成や検定の運営にあたっては，京都の多くの企業や団体の皆さまのご協力をいただいております。

　より多くの子どもたちに安価で質の高いテキストブックを届けたい，検定を受検してもらいたい，そして，京都から日本の文化を学び親しみ，次の世代に伝えてほしい，そんな皆さまの願いがいっぱい，この検定には込められています。

　皆さん，このテキストや検定が，こうした多くの方々の期待とご協力に支えられていることを忘れずに，しっかり学んでください。

　本書は小学生でも理解できるよう，編集者一同，知恵を出し合い作成しました。現時点において最善のものができたと自負しております。
　なお，将来に向けて，よりよいものに改善するため，御意見があればお寄せください。
　本書で御紹介してきました以外にも，京都には各地域にすばらしい歴史・伝統・文化があり，多くの方々の尊い御努力によって守り受け継がれています。本書が一つのきっかけとなって，市民の皆さまのお力により，それらが子どもたちに伝わっていく取組が充実することを願っております。

お問い合わせ…　京都新聞企画事業株式会社　TEL 075-241-6192　FAX 075-222-1956
　　　　　　　　　　　　　　　　　　　　〒604-8578（住所不要）

歴史都市・京都から学ぶ　ジュニア京都検定テキストブック(17版)

平成18年3月31日　初版発行　ⓒ2006
令和4年6月30日　17版発行

発　行　者　京都市教育委員会
編　　　集　京都新聞企画事業株式会社
ISBN978-4-7638-0682-6　C0037